Walther Rohdich
Meine Vögel und ich

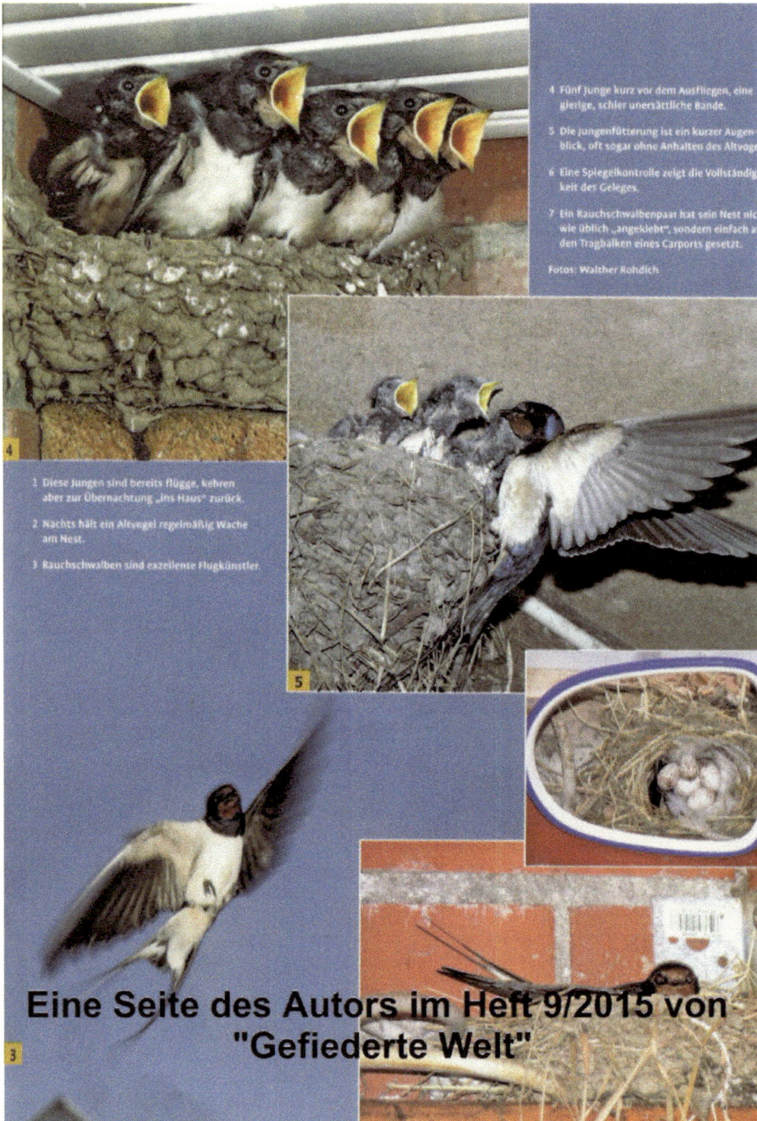

4 Fünf Junge kurz vor dem Ausfliegen, eine gierige, schier unersättliche Bande.

5 Die Jungenfütterung ist ein kurzer Augenblick, oft sogar ohne Anhalten des Altvogel

6 Eine Spiegelkontrolle zeigt die Vollständigkeit des Geleges.

7 Ein Rauchschwalbenpaar hat sein Nest nich wie üblich „angeklebt", sondern einfach au den Tragbalken eines Carports gesetzt.

Fotos: Walther Rohdich

1 Diese Jungen sind bereits flügge, kehren aber zur Übernachtung „ins Haus" zurück.

2 Nachts hält ein Altvogel regelmäßig Wache am Nest.

3 Rauchschwalben sind exzellente Flugkünstler.

Eine Seite des Autors im Heft 9/2015 von "Gefiederte Welt"

Walther Rohdich

Meine Vögel und ich

Achtzig Jahre mit Tieren auf Du

Bibliografische Information der Deutschen Nationalbibliothek:
Die Deutsche Nationalbibliothek verzeichnet diese Publikation in der Deutschen Nationalbibliografie; detaillierte bibliografische Daten sind im Internet über http://portal.dnb.de abrufbar.

ISBN 978-3-96103-661-5

www.rediroma-verlag.de
19,95 Euro (D

Inhaltsverzeichnis

Vorwort

Dies muss ich der Leserschaft des vorliegenden vierten Bandes ganz am Anfang kundtun: Dass ich nicht noch einmal auf Kindheit und Jugend zurückkommen werde, wenn ich jetzt in meine „Achtzig Jahre mit Tieren auf Du“ die Vögel behandele. Dann wird Schluss sein mit meinen „Tier-Erinnerungen“, denn solche an Insekten wie Käfer, Moskitos und Fische gibt es sozusagen nicht; sie liefen nur am Rand meiner Tätigkeit mit und füllten mein Bildarchiv nicht einmal zu einem zehnten Teil.

Um den Vögeln gerecht zu werden, möchte ich im Vorwort so weit zurückgreifen, dass wir am Anfang der Menschheit ankommen, als der heutige Homo sapiens auf der wilden Bühne der Erde erschien. Er betrat sie nicht wie ein Schauspieler, dafür war er noch nicht schlau und erfahren genug, denn er unterlag, wie wir heute noch, dem Zwang einer Evolution, die nie rastet und rostet und ihre Kinder, ihre Mitglieder, wie wir es nennen wollen, zur Weiterbildung und möglichst Verbesserung zwingt. Unsere so genannten Vorfahren hatten das Glück, ihre Macht antreten zu können, als andere Mächtige, gar Übermächtige ihre Karriere auf der Erde beendigen mussten: die Saurier.

Als unsere Altvorderen, seit einigen zigtausend Jahren soeben zum Homo sapiens aufgerückt, sich anschickten, ihre Lage kritisch zu überdenken, da murrten und knurrten sie, weil sie eine Fähigkeit ihrer Mitlebewesen nicht nachmachen konnten: das Fliegen. Dass sie von Abermilliarden Kleinfliegern belästigt wurden, als da überall waren Bremsen, Wespen, Sumpfmücken und Hornissen, störte sie und ihre Ruhephasen zwar auch, musste aber ertragen werden –

sie sollen sich, das nur nebenbei geschrieben, mit Kacke und Pippi gegen die stechende und ihr Blut saugende Gesellschaft eingerieben haben.

Also sie murrten und knurrten. In welcher Sprache sie dies taten und ob sie dabei vorwurfsvoll gegen den Himmel blickten, ist nicht überliefert. Wir müssen ihnen in dem Sinn zustimmen, dass es ihnen bis heute nicht gelungen ist, richtig zu fliegen: Denn ein Weitsprung ist kein Fliegen, ein Fallschirmflug ebenfalls nicht, und wenn einer aus dem Hochhaus fällt, stürzt er. Sie murrten deshalb und beschwerten sich bei unbekannten Schöpfern, „dass andere fliegen konnten und warum wir nicht?“ Ich liste einige Beispiele nach dem noch nicht existierenden Alphabet auf: A wie Adler, B wie Bienen, C wie Canaris, D wie Drosseln, E wie Elstern bis U wie Uhus, V wie Vögel allgemein, W wie Wespen, X und Y gab es noch nicht, und Z wie Zaunkönig und Zaunkönigin. Die ganz großen Flieger wie Archäopterix, Rhamphorhynchus, Pterodactylus und Riesenlibellen, die komplette Menschen hätten greifen und wegtragen können, waren schon ausgestorben und von der nie ruhenden Evolution ausgeschieden worden. Sie hatten kleineren Fliegern Platz machen müssen, etwa Eisvögeln, Flughunden, Kondoren und Pelikanen.

Um vom Fliegen zu träumen, hatten unsere Altvorderen vermutlich wenig Zeit, weil sie erstens nach gefahrvollen und erlebnisreichen Tagen nichts als das Essen und Schlafen im Kopf hatten, und zweitens ihre technischen Gedanken und Fähigkeiten auf Realeres und mehr Nützliches ausgerichtet waren: „Erst kommt der Bauch, dann lange nichts mehr, schließlich das Hirn!“ Doch nur, wenn man lange genug satt wurde und böse Nachbarn, als Wanderer verkleidet, sie nicht von Haus und Hof vertrieben.

Aller Neuanfang war von Anfang an schwer, aber er regte Gehirne an und förderte Erfindungen, die das Überleben erleichterten. Zum Beispiel, wie man diesen Gefiederten beikommen könne. Denn dass sie gut schmeckten und bekömmlich waren, hatte man an lodernden und schließlich selbst entfachten Feuern erfahren können. In diese so genannte graue Vorzeit fällt vermutlich auch die erste Zähmung von Vögeln, das werden wohl Bodenbrüter gewesen sein, denen man ihre Eier stehlen konnte oder ihre Küken.

Aller Anfang ist leicht

Verkünde ich ganz frech! Denn erst in der Erinnerung kommen uns die ersten Jahre des Lebens schwierig vor. Da ist ein „kleines Würmchen“ unter Schmerzen der Mutter zur Welt gekommen und weiß nach einigen Wochen und Monaten schon zu lächeln oder zu grollen, in jedem Fall aber hinzuhören, was in der Wohnung los ist. Ich soll im zarten Alter von fünf Monaten schon reagiert haben, wenn jemand „Wo sind die Vögelchen?“ fragte und den Kopf ruckartig dem Balkon zugewandt haben, wo sich Spatzen, Meisen und andere Wintervögel um die Fütterung balgten. Und wo kam der seltsam piepsende Gesang her, den ich tagsüber in der Wohnung hören konnte? Nun, da gab es die zwei Kanarienvögel, über die ich bereits berichtet habe. Meine Eltern haben viele Versuche der Tierhaltung gemacht, je nachdem, wo und wie sie wohnten und Platz oder einen Garten hatten. Ernsthaft mit Tieren habe nur ich mich abgegeben.

Ich habe meine allerersten Eindrücke von Vögeln, die hier behandelt werden, schon in den vorigen Werken meiner Tetralogie dargelegt und möchte hier nur das Nötigste wiederholen. Also unsere beiden Kanarien, die immer ganz baff waren und erst stumm blieben, wenn mein Kinderwagen in ihre Sichtweite geschoben wurde. Dann, als sie feststellten, dass ich an einem Zwieback knabberte, wollten sie diesen haben und ich durfte ihn durchs Gitter in ihren Käfig schieben. Seitdem, glauben sich meine Eltern und Geschwister erinnern zu können, heißt es, ich sei immer erst zufrieden und bereit zum Essen gewesen, nachdem auch alle unsere Tiere ihren Teil bekommen hätten.

Nachdem sich einmal eine junge Amsel in unsere Wohnung verirrt hatte und ein grässliches Gezeter und Geschrei anstellte, und dann von Bruder Otto gefangen und mir unter die Nase gehalten wurde, dass ich sie streicheln und beruhigen könne, da galt ich als der kommende Dr. med. vet. der Familie. (Errare humanum est!) Mir aus der direkten Erinnerung entschwunden, aber durch Nacherzählen dennoch erinnerlich, ist ein Schwalbenpaar. Es hatte das offenstehende Oberlicht des großen Fensters in der besten Stube benutzt, um einzufliegen und mit dem Nestbau unter der schön tapezierten Decke zu beginnen. (Ich denke, jedes Mitglied meiner Leserschaft weiß, wie Rauch- oder Dorfschwalben ihre Nester anlegen.) Da wird viel Dreck eingetragen, auch hin- und hergeküttelt und das Oberlicht darf bis zum Ausfliegen der Jungen nicht mehr geschlossen werden. Mutter wollte tabula rasa machen, Kinderfrau Auguste drohte dann mit Selbstentleibung und der Hohe Familienrat beschloss, sowohl am Tod der Jungen als auch Augustes nicht beteiligt zu sein und eine erste Brut der Schwalben hier zuzulassen; eine zweite oder gar dritte, die in guten Insektenjahren durchaus vorkommen kann, aber zu verhindern. Man hört und liest hier, dass große Politik in kleinen Familien vorkommen kann.

Weitere Einblicke ins Vogelleben sammelte ich schon früh und es gefiel meiner Familie, so oft über sie zu sprechen, dass ich sie nicht vergessen habe. So zum Beispiel führten mir unsere Garten-, Haus- und Hofspatzen vor, wie man als arme Schlucker dennoch gut leben kann: indem man stiebitzt, klaut, raubt und „organisiert“, wie wir damals sagten. Da waren die frechen Gartenspatzen, die mir dreist meine Kekse wegpickten, wenn ich sie in der Hand hielt – das mochte für sie aussehen, als wenn ich sie anböte; da war das Singdrosselmännchen, das sich auf den Griff des Kinderwagens setzte, um sein morgendliches und abendliches Lied zu trällern; auch die Lachtaube meinte, sich dorthin setzen zu müssen, um ihre gurrende Melodie ertönen zu lassen; Krähen hörte ich nur krähen, ohne sie sehen zu können; auch die Nachtigall kam nicht aus dem Johannisbeerstrauch heraus, wo ihr Weibchen jedes Jahr brütete. Der Nachbar sagte:

„Dieses Pärchen kommt jedes Jahr wieder, schon zehnmal hintereinander, ich erkenne sie stets wieder.“

Meine Familie und alle Nachbarn glaubten diesen „Unsinn“, und in der Schule später berichtete der Naturkundelehrer, sein Rotkehlchen brüte seit acht Jahren in der Höhle seines Birnbaums – alles Unsinn das!

„Kein Singvogel kann in der freien Natur so alt werden“, versuchte ich später, da war ich 10, aufzuklären - „alles Unsinn, was du behauptest“, behaupteten sie.

Doch jetzt wieder zum Garten hinterm Haus, wo man mich so lange abstellte, bis ich gehen konnte. Liegt ein Kleinkind auf dem Rücken, so hat es den besten Beobachtungsplatz, wenn die Kraniche im Frühjahr herkommen und im Herbst gehen, bzw. wegfliegen. Sie zogen dann regelmäßig über uns her. Obwohl die liebe Auguste, die am

Anfang für mich lieber war als meine Mutter, regelmäßig eins ihrer Augen vom zweiten Stock herunter auf mich warf, war ihr doch entgangen, dass Nachbars Huhn Klara, weiß wie Schnee am Morgen, auf meinen Kinderwagen gesprungen war, sich zu meinen Füßen einkuschelte und ein Ei legte. Das war so ungewöhnlich, dass Auguste wirklich ein paar Minuten glaubte, ich hätte es gelegt. Überhaupt diese Hühnereier! Sie sind für Kinder etwas Besonderes, wenn sie erfahren haben, wer sie herstellt und wer sie verarbeitet; in meinem Fall natürlich Auguste, die auch das Kochen unter sich hatte: gekocht, gebraten, als Rührei, Osterei, „verlorenes", - verlorene Eier kennt nicht jeder, - weiße, hellbraune, hellblaue anderer Vögel oder gesprenkelte. Die Natur hat sich da richtig ausgelassen. Auguste führte in unsere Küche „Eier mit Senfsoße" ein, auch nicht jedermanns Sache, wurde aber bei uns das zweite Haupt- und Lieblingsgericht nach Kartoffelpuffern.

Bei einer sonntäglichen Tischzeit, nachdem ich „Segne, Vater, unsere Speise..." aufgesagt hatte, stritten sich meine beiden älteren Brüder über die Frage, wer zuerst auf der Erde und in der Reihe der Schöpfung dagewesen sei, „das Ei oder die Henne?" Und, überlegte ich, als ich dann endlich zum ersten Mal am Ersten Weihnachtstag am großen Tisch mitessen durfte, woher denn die knusprig-braune Weihnachtsgans hergekommen sei? Sollte das wirklich die nette Erna sein? Die ich beim Bauern in der kleinen Herde gesehen hatte und die jauchzend zu mir hergekommen war! Und der Gänseschmalz, den sich Bruder Martin daumendick aufs Brötchen strich und er noch renommierte, dass Erna so viel Schmalz im Bauch gehabt habe? Fragen über Fragen, die bei Tisch nicht beantwortet wurden und später vergessen waren. Ich ging mit Auguste gern zum Wochenmarkt, wo auch lebende Tiere ausgestellt und verkauft wurden: Zu Weihnachten hauptsächlich Federvieh wie Gänse, Enten, Hähne und Puter. Da hörte ich Gespräche mit wie „na, gnädiges Fräulein, was zum Mittagessen holen?“, oder „nun, mein Junge, nach der Gans wirste dir aber die Finger lecken, oder?“. Bei meinem vierten Weihnachtessen, wo sich alle stritten, wer die Bollen haben sollte, beklagte Vater die Schöpfung, die nicht zuließ, dass Gans und Hundertfüßer sich paarten: „Das gäbe bei deren Nachwuchs jede Menge Bollen.“ Ich verstand damals natürlich noch nichts vom so genannten Humor, und dass auch heftig geführte Diskussionen mit derben Anreden nicht ernst genommen werden müssen. Und obenan stand die Verpflichtung der Hausfrau und Mutter, pünktlich gutes Essen auf den Tisch zu bringen…

* * * * * *

Im Zoo der Stadt, den ich schon im Alter von 1 mit Auguste besuchen durfte und dessen Besuche sich steigerten, bis ich mit 6 allein auf Familienkarte die Viertelstunde dorthin gehen durfte, da sah ich sie alle zum ersten Mal, die ich später nicht nur fotografisch behandelte, sondern auch gefangen hielt oder für ihre Freiheit sorgen konnte. Sie werden fast alle, soweit es sich lohnte, im Folgenden in alphabetischer Reihenfolge an mir und meiner Leserschaft vorbeiziehen. Ich werde also mit „Adler“ beginnen und mit „Zaunkönig“ enden.

Die Geschichte der Vögel soll mit den so genannten Sauriern begonnen haben. Niemand kann genau darlegen, wie das geschehen ist und auch der Zeitablauf kann nur theoretisch rekonstruiert werden. Fest steht, und das gilt heute noch und hat mit Religionen und Schöpfungsakten nichts zu tun, dass die Evolution jedes ihrer Lebewesen „an seinen Platz gestellt hat“, sich zu behaupten, „zu mehren“ und in jeder Generation sich um einen klitzekleinen, nicht zu messenden Grad zu verbessern und tüchtiger zu machen. „Mehren“ bedeutet hier auch, sich neue Lebensräume zu schaffen – eine ungeheure, sich noch im Gange befindliche Herausforderung. Ein Lexikon unterrichtet uns zum Stichwort „Vögel“:

„Die Vögel sind nach traditioneller Taxonomie eine Klasse der Wirbeltiere, deren Vertreter als gemeinsame Merkmale unter anderem Flügel, eine aus Federn bestehende Körperbedeckung und einen Schnabel aufweisen. Sie leben auf allen Kontinenten. Bisher sind über 10.711 rezente Vogelarten bekannt, zusätzlich sind 158 Arten in historischer Zeit ausgestorben… Die Wissenschaft der Vögel ist Ornithologie.“

Strenge Wissenschaftler, die alles sehr genau zu nehmen pflegen, gehen heute von 18.000 Vogelarten aus und sind sicher, dass in unzugänglichen Urwäldern der Erde noch einige mehr zu entdecken sind.

Im Allgemeinen genießen Vögel beim Menschen viele Sympathien. Das ist kein Wunder, denn wer so fein singen, leckere Eier legen, warme Federn liefern und gut an uns gewöhnt werden kann, ist jedem Menschen willkommen. Vögel sind sehr gut anzulernen und einige von ihnen sind verstandesmäßig so angelegt, - so wie die Nestflüchter Gänse, Schwäne und Enten, - dass sie dasjenige Lebewesen als Eltern akzeptieren, welches sie beim Schlüpfen als erstes sehen; ich selbst habe das erlebt und werde darüber an passender Stelle berichten.

Mein Leben mit Vögeln lief nahe anderer Tierarten so nebenher mit, denn auf nichts hatte ich mich festlegen lassen. Was die Fotografie betraf, hatte ich mit der Vogelfotografie aufs rechte Pferd gesetzt, denn in der damaligen Zeit nach dem Krieg waren Vogelfotos besser zu veröffentlichen als andere der Naturfotografie. Einige Arten unter den Tieren stellten höchste Anforderungen an die Fotografen, lebensgefährliche sogar, wenn es hoch hinauf oder tief nach unten ins Wasser ging. Extreme Situationen wie Gebirgsklettern, bis zum Hals ins Wasser, ganz Abtauchen, hinein in die Wüste oder ab in den tropischen Urwald - das alles habe ich tunlich vermieden und ist auch nichts für Leute, die einen Beruf haben und nebenher eine Familie versorgen müssen...

Jetzt aber verweilen wir in den Jahren von 1936 bis 1940. Bei der Einschulung war ich keinesfalls klüger als die anderen Mitschüler, aber für alles mehr interessiert und überraschte die Lehrerschaft mit der Namensnennung der Vögel, deren Gesang wir bei offenem Fenster oder auf dem Schulhof hören konnten. Man muss auf die Veränderung des „Hörgenusses“ kommen um festzustellen, was sich in den Innenstädten verändert hat: Statt Nachtigallengesang Autohupen, statt Finkenschlag Hammerschläge, statt Summen einer bekannten Melodie Fluchen und Schimpfen über andere Verkehrsteilnehmer. Ich komme noch einmal über den Schlossgarten der Stadt zu sprechen, der auch heute noch eine grüne Insel darstellt. Er wimmelte nicht nur, weil er von Gräften umgeben war, von Amphibien allein, sondern auch von einer Bandbreite zahlreicher Singvögel, die hier nisteten und von weniger Greifvögeln belästigt wurden als ihre Artgenossen im freien Umfeld der Stadt. Im Garteninneren gibt es ein Café, wo Spaziergänger sich bei Kaffee und Kuchen erfreuen, aber auch Rotkehlchen, Spatzen, Amseln, Meisen und Buchfinken zuschauen können, welche sich Krümel holen oder einen Rest Kaffee und Limonade trinken wollen. Im Winter, wenn das Café geschlossen war, wurden die Vögel von den Spaziergängern an vielen Stellen zugefüttert. Wenn Auguste mich als Kleinkind in den Garten führte, sorgte sie immer dafür, dass ich für die Tiere einen Beutel Futter im Kinderwagen liegen hatte.

Solche Abenteuer gingen auch nach dem Schulanfang weiter. Unter meinen Schulkameraden war nicht einer, der so etwas erlebte und dann darüber Aufsätze schreiben konnte. Was im Zoo Negatives getrieben wurde, ist mir erst später aufgegangen, weil ich dabei war, als sich bei Vater ein Junge als Bürolehrling bewarb.

„Ich habe gestern meine Lehre im Zoo geschmissen“, sagte er, „weil ich es nicht übers Herz bringen konnte, Eintagsküken an die Wand zu werfen.“

Auf unsere entsetzten Gesichter hin erklärte er:

„Man darf sie ja neuerdings nicht mehr an Raubvögel und Schlangen lebend verfüttern, sie müssen vorher getötet werden. Da ist das An-die-Wand-Werfen ein billiges Mittel.“

(Über einen ähnlichen Fall hörte ich noch 1960!)

Ab 1940 hatte unsere Familie zu einem Bauernhof in Kattenvenne Verbindung, ich durfte eine Ferienwoche dort verbringen und lernte rasch den Unterschied zwischen Stadt- und Landkindern kennen. Stadtkinder sind, wie die Berliner es formulieren, „verpimpelter“ als ihre Gleichaltrigen auf dem Land. Sie sehen früh mit an, wie Männchen und Weibchen, Hahn und Henne, Kater und Kätzin und Hunde sich paaren; auch sehen sie zu, wie ein überaltetes Huhn für das Mittagessen am kommenden Sonntag zubereitet wird: Es wird von der Hausfrau gefangen, fest in die linke Hand genommen, die Flügel und Beine umschlossen, zum Richtplatz geführt, erhält mit dem Griff des Beiles einen Betäubungsschlag an den Kopf, und dann wird dieser mit dem Beil vom Rumpf getrennt. Er fliegt zur Seite und wird vom Hofhund mitgenommen und für später versteckt. Das tote Huhn zappelt noch eine Minute und würde auch wegfliegen, wenn es nicht eisern gehalten würde. Dann sollte es noch ein wenig auskühlen, bis es gerupft, geöffnet, ausgenommen und für eine Hühnersuppe und den Mittagsbraten fertig gemacht wird. Solches anzusehen ist nicht jedermanns Sache.

Ich war den Landkindern aber über, wenn es um freilebende Tiere rund um einen Bauernhof ging. Sie wussten nicht, dass es neben dem Hausspatzen den Feldspatzen gibt, beide auch Sperlinge genannt, und kannten den Unterschied zwischen Amsel und Schwarzdrossel nicht – es gibt keinen, sie sind ein und dieselbe „Person“. Ich möchte mich hier gar nicht als kleinen Helden und Besserwisser darstellen, musste mich aber später im Nachhinein wundern, dass ich mit 10 die markantesten und unverwechselbaren Singvögel der Stadt, der Gärten, Parks und Friedhöfe besser kannte als die Leiterin des städtischen Tierheims – die ich in meinen vorigen Büchern vorgestellt habe. Unverwechselbar? Gibt es das denn im Vogelreich? Ja, gibt es! Da ist zum Beispiel das Männchen des Dompfaffs in seinem roten Pfaffenkleid; der Kleiber; die Kohlmeise; auch der Star, der sich von der Amsel gut unterscheidet;

zuletzt ist der Zaunkönig zu nennen, ein kleiner netter Kerl, der so leicht ist, dass er in einem Standardbrief verschickt werden könnte.

Ornithologen, das Wort wurde im Nazireich auf Vogelkundler verdeutscht, wussten natürlich längst durch Alfred Brehm und eigenes Beobachten, dass jeder Vogel seinen originellen Habitus hat; oder wie mein Großvater aus Celle es in seiner klugen Art und Weise mir darlegte:

„Dass jede Vogelart anders singt, ruft, lockt, zwitschert, fliegt, hüpft, Nester baut und auf dem Ast sitzt – es braucht freilich seine Zeit, dahinter zu kommen."

Unter den Kindern meiner Volksschulklassen und auch später des Gymnasiums gab es keinen, der sich, außer bei den gängigsten Arten, keinen, der sich für unsere fliegenden und singenden Mitgeschöpfe interessierte. Den Adler kannten sie natürlich, denn sie sangen ja bei den Pimpfen Hitlers „Steige hoch du Roter Adler..." und marschierten nach dieser gängigen Melodie. Als ich den 17-jährigen Führer unseres Fähnleins, (wie die Kompanie der Wehrmacht), fragte, ob es einen roten Adler gibt, wurde er fuchtig und empfahl mir, mehr zu gehorchen als zu fragen. Von Stadtspatzen, welche die Pferdeküttel entsorgten, Nachtigallen, welche Liebespaare besangen, Tauben, welche den Dom beschissen und Elstern, welche wie Diebe stahlen – davon wussten sie nichts. Gymnasialklässler kümmerten sich sowieso nicht um Tiere, ausgenommen Gans auf dem Teller und Jagdhund im Zwinger.

* * * * * *

Als ich später einmal daran ging festzustellen, wer mein Interesse zu den Vögeln gelenkt habe, fiel mir nur eine Person ein: Auguste mein Kindermädchen. Um diese famose Persönlichkeit meiner Leserschaft richtig sympathisch zu machen, erwähne ich, hier vom Thema „Vögel“ abweichend, eine kleine aber bezügliche Episode. Ich war 3 und wir saßen wegen der Sommerhitze in einer kühlen Kirche der Stadt. Da fiel mein neugieriger Blick auf Maria mit dem Kind und ich wollte wissen, wer sie sind. Sie erklärte es mit pädagogischem Geschick und besser als die meisten Schwarzkittel – wie in unserer Familie Geistliche, auch Nonnen, genannt wurden. Nur wenige Meter von unserem Sitzplatz entfernt hing dieselbe Persönlichkeit an der Wand, die ich allerdings jetzt nicht bemerkte und die keinen netten Anblick bot. Erst beim nächsten Besuch sah ich mir das hölzerne Kruzifix näher an, - von mir „Holzmann“ betitelt -, und fragte Auguste, warum man ihn so grausam hergerichtet habe. Und siehe und höre da: Sie antwortete nicht wie „jedermann“, sondern unterließ zu erklären, dass ich dieselbe Person sähe wie bei Maria mit dem Kind! War das nun pädagogisch wertvoll oder nicht?

Jedenfalls begann sie bereits im Winter von 1930 zu 1931 auf unserem überdachten Balkon eine Winterfütterung einzurichten – in einer Zeit, da viele Menschen keine Arbeit und demnach wenig zu essen hatten. Die, ganz natürlich, von Vogelschutz zur Zeit nichts wissen wollten und die zu Schützenden verfolgten und auf ihre kargen Teller brachten.

„Ja“, erzählte ein Nachbarsjunge meiner Mutter und Auguste, „Vater fängt fleißig Drosseln, die immerhin ein paar Happen hermachen, wenn man sie in Margarine und Mehl brät. Krähen, die er manchmal auch mitbringt, sind ekelhaft zäh und Mutter dreht sie durch den Wolf und macht Klopse aus ihnen."

Nun, das hatte unsere Familie nicht nötig und ab 1933 begann sich die Arbeits- und Ernährungslage langsam zu bessern.

Vormittags hatte sich Auguste laut Verfügung Mutters mehr ums Essen zu kümmern als um neugierige Kinder. So schob sie meinen Sitzkinderwagen an die Balkontür, gab mir einen Zwieback oder Reste der Weihnachtsplätzchen in die Hand und behielt mich, von der Küche her, unter Aufsicht. Aber ich hatte nichts zu nörgeln und zu meckern, wenn ich den „Vöglein" zusehen durfte. Es war wie im Fernsehen heute: Ein beschränkter Ausblick durch die Tür, aber eine starre Kamera, die nicht hin- und herschwenkte. Was denkt ein Kleinkind, das solch Unterhaltsames beobachten, aber noch nicht fragen kann? Und was überlegt es, wenn es ein Kinderbuch, eines aus stabiler Pappe mit hübsch bunten Bildern jener Tiere in die Hände bekommt, die es dort sehen kann? Doch nur Positives, behaupte ich. Es schärft sein Gedächtnis des Wiedererkennens, und wenn dann noch Auguste oder Mutter oder einer der Brüder hinzutritt, mit dem Zeigefinger ins Buch geht und sagt „Dompfaff, Meise, Spatz oder Amsel", wird das Hinhören geschärft und das Hinsehen ebenfalls. So meine ich, muss es gewesen sein!

Und noch etwas wurde in dieser Zeit in mir geweckt: das Lesen. Natürlich las ich noch nicht, sah aber, erstens, große schwarze Buchstaben, zweitens kam ich früh in den Genuss zuzusehen, wie alle Familienmitglieder inklusive Auguste sich hinsetzten und Zeitungen oder Bücher lasen, und drittens wie gemütlich sie dabei dreinschauten. Vater, wenn er gut gelaunt war, spielte mit seinen Kindern „hinter der Zeitung verstecken“ - ein lustiges Spiel das! Es ging nämlich so, dass der Leser oder die Leserin sich mit dem großen raschelnden Papierbogen erst unsichtbar machte, dann aber mit dem Ruf „Kuckuck, Kuckuck ruft‘s aus dem Wald“ wieder zum Vorschein kam. Der Kuckuck! Otto ging zum Bücherschrank und holte Ludwig Zukowskis Bilderalbum „Heimische Vögel“ hervor, um mir einen Kuckuck zu zeigen. Dann ging er ans Klavier und spielte die Melodie vor, bis Auguste einfiel und mitsang. Nun, frage ich noch einmal: „War das Lernen und Lehren zugleich?“

Ich begriff natürlich nicht, warum die lieben Vögel ab März und April ausblieben. Doch die Brüder Wolfgang und Martin, wahre Bastler vor dem Herrn, schufen Abhilfe. Sie zimmerten zwei Nistkästen in der Größe für Kohlmeisen und Hausspatzen und montierten sie an die Hauswand, die gleichzeitig Rückwand des Balkons war, so, dass ich die Vorderseite der Kästen sehen konnte. Gleichzeitig nagelten sie Zweige und Äste vor den Nistkästen an, dass die Vögel sich vorm direkten Anflug setzen „und sich für dich, Brüderchen, zeigen können“. Ich frage zum nächsten Mal: „War das nun sinnvolle Pädagogik oder nicht?“

Die Brutzeit unserer Singvögel geht einher mit jener Jahreszeit, die der Mensch Frühling nennt, den er begrüßt, bei dessen Beginn er aufatmet und sich lieber nach draußen begibt als in anderen Jahreszeiten. Das dachte sich auch Auguste, als sie begann, erst meinen Sportkinderwagen, dann meinen Sandkasten, dann ihre Hausarbeiten und schließlich sich selbst auf den Balkon zu begeben; wo sie nicht nur auf mich aufpasste, sondern auch Kartoffeln schälte, Möhren schrubbte, Erbsen puhlte und Knöpfe annähte. So nahe den Nistkästen konnte ich erkennen, warum die Altvögel, von Auguste „Papa und Mama“ genannt, so eifrig hin- und herflogen: „Sie bringen ihren Kindern Futter.“ Manchmal verloren die Vögel beim Anflug etwas vom Futter. Auguste erhob sich dann und zeigte mir kleine Regenwürmer, grüne nackte Raupen, Motten und nette Käfer und erklärte, „dass wir Menschen so etwas nicht essen dürfen“.

Auguste erwies sich auch weiterhin als schlaue Pädagogin. Sie hatte ja auch in der Küche ein bis zwei Lehrlinge der Hauswirtschaft unter sich. Zu Beginn meines zweiten Winters besorgte sie mir Kinderbücher, in denen einheimische Vogelarten „abgemalt“ waren und teilweise nachgemalt werden konnten. Diese pädagogische Lehrzeit steigerte sie so, dass ab der Zeit, wo ich 2 geworden war, diese famosen Sammelalben der Zigarettenindustrie, welche der Leipziger Zoodirektor Ludwig Zukowski gestaltete und herausgab, und andere Naturbücher auch, nach und nach für mich ins Haus kamen und mir vorgelesen wurden. Das waren natürlich nicht nur Vogelbücher, sondern auch und vor allem sogar Bücher über Reptilien und Amphibien. Die Vollkommenheit dieser tierischen Lehrstunden bildeten die im Anschluss stattfindenden Besuche vom Zoo, der Museen und vieler zoologischer Handlungen und Fachgeschäfte. Diese gab es noch in allen größeren Städten und Kreisstädten mehr als heute, und ihre Inhaber waren meist gebildete Tierkenner. Natürlich war nicht alles Gold, was dort glänzte und Kinderaugen staunen ließ.

Noch vorm Schulbeginn 1936 konnte ich die meisten Singvögel, die in den geschilderten Stadtgebieten vorkamen, fehlerlos bestimmen und in einem Notizbuch vermerken.

„Der wird noch ein richtiger Orthopäde“, meinte Tante Gertrud und wurde von meinen Brüdern gnadenlos darauf verwiesen, dass es Ornithologe hieße.

„Was willste denn mal werden?“, fragte sie unverdrossen.

Sie fragte das, ohne es wissen zu können, zur unrechten Zeit. Denn am Morgen hatte ich einen Musikzug unserer Garnison durch unsere Straße marschieren gesehen und dabei Unverhofftes, ja geradezu Revolutionäres bestaunt: Einen Musiker, gar einen Paukisten, der auf einem Pferd saß.

„So einen nennt man“, hatte mir unser Musiker Otto erklärt, „Kesselpauker zu Pferd.“

Das wollte ich nun werden und ich antwortete demgemäß Tante Gertrud, die Vaters Schwester war.

„Igittigit“, sagte sie, „was ist das denn?“

Otto antwortete pikiert:

„Der sitzt auf einem Pferd zusammen mit je einer Pauke rechts und links vor sich und beschlägt sie, wenn nötig und vom Komponisten verlangt, genauso wie im Sinfonieorchester des städtischen Theaters – natürlich dort ohne Pferd, Tante Gertrud.“

Aber sie blieb beim „Igittigit“ und ich bei meinen Tieren.

Aber der sonst lieben Tante fiel immerhin Bemerkenswertes auf, das andere offenbar übersehen hatten: Ging ich auf Vögel und auch auf andere Tiere zu, dann flüchteten und schwiegen sie keineswegs , sondern begrüßten mich wie einen alten Bekannten und setzten sich auf meinen Kopf, die Schultern und Arme und pickten mir mein Nachmittagsbutterbrot aus den Händen. Die Leserschaft meiner drei vorigen Bücher weiß hier jetzt Bescheid: „Er hatte stets Ess- und Lutschbares bei sich und verteilte es großzügig.“ Das stimmt nicht ganz und kam später erst auf. Doch es war gut getroffen, als Bruder Wolfgang 1943 erklärte, - Otto war da schon in die Tiefen Russlands versetzt worden -, „mit Speck fängt man Mäuse, mit Lakritz Wiederkäuer und mit Mäusen Katzen." Nachdem ich zu fotografieren und damit zu veröffentlichen begann, waren Vogelbilder, die Vögel beim Füttern, Fliegen und Singen zeigten, meine Bestseller. Einige dieser alten Schwarzweißbilder sind hier abgedruckt worden.

Eine Zwischenbilanz

Ich habe versprochen, in diesem Buch weniger Privates und Untierisches darzulegen als in den drei anderen Büchern des Themas „Achtzig Jahre mit Tieren auf Du". Darum werde ich auf die Jahre 1943 bis 1945, als ich im „Exil" in Bayern weilte, total verzichten, um dann aus meinem „Landleben" bis 1954 einiges zum Besten zu geben. Das wird geschehen, nachdem ich mit einem Hauptteil des Buches durch bin, der von A wie Adler bis Z wie Zaunkönig reicht; ich erwähnte das bereits. Doch vorher kommt noch das städtische Tierheim an die Reihe, das ja nicht nur Katzen und Hunde pflegte und versorgte, sondern auch vernachlässigte Vögel von A wie Amsel bis Z wie Zebrafinken. Leiterin Frau Doris hatte ein Herz für alle Tiere, wenn auch die genannten Haustiere überwogen.

Es ist für Tierheimbesitzer nichts Neues, wenn Interessenten und Kunden auftauchen, welche einige der Tiere, die lammfromm sind, ausführen, pflegen und unterhalten wollen. Mit Hunden und Katzen geben sie sich am liebsten ab, weil deren Blicke, besonders die der Jungtiere, zum Steine Erweichen sein können. Das ist gut so, denn damit wird so manches einer Familie zurückgegeben. Aber wie sieht es mit anderen Tieren aus? Welche da sitzen und hocken, dösen und starren und nichts an sich haben, was für sie spricht: Vögel, besonders größere, Reptilien, die nur schlafen und jede Nahrung verweigern, Affen, die Fratzen schneiden und erbost keckern, Fische sogar, die nur das ihnen passende Wasser brauchen, um ein paar Wochen zu überleben.

All dieses beobachtete ich in meiner Freizeit, denn mit dem Fahrrad war's nicht schwer, das Heim am Kanal zu besuchen. Zuerst trieb mich Neugier, dann Interesse, dann Mitgefühl und schließlich die Aufforderung der Leiterin, Hand anzulegen und die Zeit nicht zu vertrödeln.

„Welche Tiere mags'te am liebsten?"

„Kriechtiere und Vögel."

„Dann biste hier richtig, hilf mit, hier kannste viel lernen."

Eine gute Aufforderung. Frau Doris legte mir dar, dass ich körperlich nicht viel zu tun hätte, „bist ja noch ein schmaler Junge, aber wir suchen junge Menschen, die mit unseren Tieren, die sich schrecklich langweilen, ausgehen können."

Sie beschrieb mir Spazierwege am Kanal, in die landwirtschaftlichen Felder hinein und auch in kleine Wälder und interessante Gehölze.

„Da laufen oder fliegen sie mir doch weg", warf ich ein.

„Nein", antwortete sie, „das sind ja alles Invaliden und so."

Diese schaute ich mir jetzt an. An den „Vögeln der spitzen Dolche" wie Reiher und Störche ging ich schnurstracks vorbei, eingedenk der Warnung, dass sie unverhofft und rücksichtslos zustechen können. (Über eine solche tragische Geschichte werde ich später unter R wie Rohrdommel berichten.) Am interessantesten fand ich die still dasitzenden, wie teilnahmslos wirkenden Eulen, die hier ganz fehl am Platz waren. Auf meine Frage teilte mir Frau Doris mit, „dass sie alle einen Knacks haben“ und behindert sind: Flügel gebrochen, ein Fuß ab, halbblind, die Krallen verkümmert und dergleichen Zipperlein mehr.

„Was essen sie denn?“

„Rohes Fleisch, das wir geschenkt bekommen, auch Mettwürste und Gehacktes.“

„Dann sterben sie bald.“

Das musste ich erklären: Wenn diese Greif- oder Raubvögel, das gilt besonders für Eulen und Turmfalken, nicht mehr Mäuse bekommen, sondern rohes Fleisch, fehlen ihnen die Nährstoffe, die sie erhalten, wenn sie Mäuse essen – ich hoffte, dies einigermaßen richtig ausgedrückt zu haben.

„Mäuse?“, fragte sie, „woher nehmen und nicht stehlen?“

„Ich bin zur Zeit der größte Mäusefänger der Welt“, antwortete ich, „und werde sie heranschaffen.“

Um das Tierheim herum gab es Gärten, Felder und lichte Wälder und Gebüsche, sie müssten mit Mäusen gut besetzt sein. Ich holte meine Schlagfallen her und bestückte sie mit einer Leckerei, die in unserer Familie nur von Mutter gegessen wurde: Harzer Käse. Er stinkt im reifen Zustand dreißig Meter gegen den Wind und roch, wie ich genau erfahren hatte, für die naschhaften Mäuse unwiderstehlich - „wo“, fragte ich mich selbst, „wird ihnen in freier Natur so etwas geboten?“ Ich hätte auch die bekannten Lebendfangfallen nehmen können, aber sie sind für die kleinen Nager eine arge Quälerei.

* * * * * *

Am nächsten Vormittag. Alle fünf Schlagfallen hatten eine Maus gefangen und durch Genickschlag getötet, und nun ging's ans Verteilen. Waldkauz Florian, dem ein Jäger einen Flügel zerschoss, hatte mich gestern schon so traulich angeblickt. Jetzt stand ich vor seiner armseligen Voliere und zeigte ihm den Happen – keine Reaktion. So ging ich hinein, nicht ohne mir meine alten Lederhandschuhe eines Degenfechters angezogen zu haben, und bot Florian meine geöffnete Rechte mit der Maus an. Schwupp, machte er und saß in Sekundenschnelle auf. Nochmal schwupp, er fasste mit dem Schnabel die Maus am Kopf und würgte sie wie ein zahnloser Mümmelgreis in sich hinein. Je eine Maus erhielten noch die Behinderten Felix der Steinkauz, Fabian die Waldohreule, Egon der Turmfalke und Schnappi die Rabenkrähe.

Der nächste Tag war ein Sonntag, den die Städter am Vormittag zum Spaziergang nutzten, um der Hausfrau beim Richten des Mittagessens nicht im Weg zu stehen. Aber sie standen hier doch im oder auf dem Weg! Denn ich ging ebenfalls spazieren und trug auf der Schulter und auch auf der derben Skimütze, die damals von Jungens gern getragen wurde, eine Eule, die Krähe oder den Turmfalken. Ja, ob man's glaubt oder nicht, ich führte diese Tiere aus! Immer wieder, als diese eigentlich armen Tiere einst verwundet in die Voliere gesperrt wurden, hatten sie versucht zu fliegen und dann offensichtlich „eingesehen", dass es damit aus war. Nun versuchten sie es gar nicht mehr. Ich musste freilich aufpassen, dass sie nicht in den Kanal flogen oder auf Bäume, wenn wir an ihnen vorübergingen. Ob sie jetzt ihr früheres Leben vermissten? Ich glaubte es nicht. Jetzt, „wo sie mich hatten", standen sie nichts aus und damit bestätigte sich das alte Sprichwort, dass Liebe durch den Magen geht.

Und Waldkauz Florian hatte auch noch Glück dazu. Ich saß auf einer Bank und aß gemeinsam mit ihm mein Brötchen, als ein Vater vorbeikam und sein allerliebstes Töchterchen in Entzückensschreie ausbrach, so dass selbst Florian sein Gefieder hochstellte. Ich hatte es fertiggebracht, ihm etwas anderes „als immer nur Mäuse" essen zu lassen, zum Beispiel die kleinen, nicht einmal fingerlangen Frankfurter und Wiener Würstchen – sahen sie nicht aus wie nackte Mäuse? Ich gab Hannelore, so hieß die Kleine und war heute 9 geworden, eins dieser Würstchen und zeigte ihr, wie man eine Eule füttert – derweil ihr Vater durchaus skeptisch dreinschaute. Florian nahm das Würstchen höflich aus den kleinen Fingern, behielt es eine Weile im Schnabel mit, - wie Hannelore festzustellen glaubte -, äußerst dankbarem Aufschlag der Eulenaugen, und würgte es dann hinab.

„Die kaut ja gar nicht, Vati."

Nun musste Vati etwas sagen und er nahm neben mir Platz. So entspann sich das Gespräch, das notwendig wurde, weil er und seine Tochter schon eine Woche lang auf der Suche nach einem lebenden Spielzeug waren. Heute werden über ein solches Verhalten viele Nasen gerümpft – damals waren Frau Doris und ich froh über jedes Tier, das dieses Heim verlassen durfte – ob immer in gute Hände, das weiß ich nicht.

Jedenfalls wechselte Florian für 10 RM den Besitzer und der Vater bekam noch einen Rat kostenlos dazu:

„Wenn Sie ihn einmal loswerden wollen oder müssen, geben Sie ihn im Zoo ab. Dort wird es ihm dann wohl gutgehen."

Ich werde hier nicht so viel Leseplatz in Anspruch nehmen, dass ich alle ähnlich gelagerten gut ausgehenden Geschichten erzähle. Wie es den Tieren in einem Privathaushalt auch ergehen mag: Es ist allemal besser als im Tierheim!

Vögel von A bis Z

Bevor ich dieses Hauptkapitel in Angriff nehme, möchte ich meine Leserschaft mit den Kommentaren und Zitaten bekannter, weniger bekannter aber meist klugen Leuten vertraut machen, die sich über Vögel ausgelassen haben. Gleich zu Anfang, es geht hier nicht nach dem Alphabet, ein aktueller Ausspruch von Karl Ferdinand Gutzkow:

Frohmut ist die Freude eines Vogels auf dem Feld – Sorglosigkeit die Freude des Vogels im Käfig.

Oswald Spengler meinte: *Ein Vogel, der ein Lied herausschmettert, hat ein Behagen dabei.*

Es ist besser, ein junger Maikäfer zu sein als ein alter Paradiesvogel, war die Ansicht des Mark Twain.

Der alte Spötter Voltaire hatte diese Ansicht: *Statt dass man uns geloben lässt, keusch zu bleiben, sollte man uns lieber zwingen, es zu sein, und alle Mönche zu Eunuchen machen. Solange ein Vogel Federn hat, fliegt er.*

Süßer Gesang hat manchen Vogel betrogen, sagt ein Sprichwort.

Gustave Flaubert wusste: *Der Adler ist ein stolzer Vogel, der auf den höchsten Felsen horstet; unter sich sieht er die Wolken durch die Täler wogen, mit ihnen ziehen die Schwalben.*

Johann Wolfgang von Goethe hatte zu allem einen Kommentar zu geben: *Ruh und Frieden! Ich glaubs wohl!*

Den wünscht jeder Raubvogel, die Beute nach Bequemlichkeit zu verzehren.

Karl Julius Weber schien ein Zyniker gewesen zu sein: *Die Liebe ist die singende, sich in der Luft tummelnde Lerche. In der Ehe muss der Vogel gebraten auf der Schüssel liegen.*

Auch Heinrich Heine war in dieser Beziehung stark: *Es gibt Leute, welche den Vogel ganz genau zu kennen glauben, weil sie das Ei gesehen haben, woraus er hervorgekrochen ist.*

Friedrich Wilhelm Nietzsche zog gleich: *Lieber sich bestehlen lassen, als Vogelscheuchen um sich zu haben – das ist mein Geschmack.*

A

Wenn ich, wie jetzt, alphabetisch an „meine Vögel" denke, fällt mir spontan die **Amsel** ein, die auch Schwarzdrossel genannt wird; noch vor dem Adler. Das hat verschiedene Gründe, die ich aufzähle: Erstens ist sie ein Allerweltsvogel, der überall zurechtkommt, den jeder kennt und der jeden Abend sein Revierliedchen trällert. Zweitens gibt es nur wenige Menschen, die einen Adler gesehen haben, drittens habe ich als Zehnjähriger selbst den Amselvater gespielt und Amselmutter zugleich auch. Das kam so. In den zahlreichen Gebüschen, Sträuchern und Nutzpflanzen unseres Gartens hatte sich das Amselpaar für den Nistplatz den Johannisbeerstrauch ausgesucht, der von Stachelbeersträuchern eingefasst war. Damals wusste ich schon, dass das Männchen vom Weibchen durch seine höhere Schwarzfärbung und seinen gelben Schnabel zu unterscheiden ist. Der geschilderte Umstand mochte die Eltern überzeugt haben, sie hätten einen sicheren Platz für ihre Brut gefunden. Und tatsächlich: Keine Katze hatte Lust, in dieses Gewirr von dicken und dünnen Ästen und derben Stacheln einzudringen.

Wie hatte ich das Nest gefunden? Ein Ornithologe gab mir einen Tipp, wie man am besten besetzte Vogelnester finden kann, ob im heimischen Garten, in freier Natur oder in wirklich undurchdringlicher Vegetation: nämlich durch Beobachten. Solange gebrütet wird, herrscht hier Ruhe und Frieden, denn beide Altvögel bemühen sich, unauffällig zum Nest zu gelangen und es auch so zu verlassen. Ihre Brutfütterung können die Altvögel nicht verbergen. Sie haben dann volle Schnäbel und wenn es so ist wie bei uns früher, sah man sie auf dem mittelgroßen Rasenstück nach Regenwürmern stochern und diese im Schnabel sammeln. Und wo sie dann hinfliegen, dort befindet sich auch das Nest.

Die Variationsbreite, wo und wie Amseln ihr Nest anlegen, schwankt stark. Das kann in drei Meter hohen Bäumen liegen, dicht überm Erdboden in einer Astgabel, in einem aufgehängten Wassereimer, in einem liegenden ebenso, in einer Röhre für Post und Zeitungen, im ausgehöhlten Kürbis und auf einem Gepäckträger des dauergeparkten Fahrrades. Wie staunte ein Autobesitzer, der von einer Flugreise zurückkam und eine brütende Amsel unter der Motorhaube fand – sie flog nicht einmal fort. Hier gelang es nicht, die Brut zu retten, denn wenn das Nest auch nur um einen Meter Luftlinie versetzt wird, wird es nicht wieder angenommen.

Ich suchte und fand nun das Amselnest. Ein paar Zweige, an denen die Beeren schon rot wurden, behutsam beiseite gezogen, da lag es vor mir. Fünf halbnackte Junge hatten schon erfahren, dass, wenn Zweige sich bewegten, sie ihre Schnäbel aufzusperren hatten – wer nicht mitmachte, bekam nichts zu essen. Als mein ältester Bruder, geboren 1923, jetzt einmal zusah, sagte er keck und weise:

„Kannste ja mitfüttern. Hol dir deine Briefmarkenpinzette, kauf dir Mehlwürmer oder such wie die Alten nach Regenwürmern, Raupen und Käfern und ab geht die Post. Dann können die Eltern sich mal ausruhen.“

Sehr vermenschlicht ausgedrückt, oder? Aber der Versuch lohnte sich. Und das so genannte und vielzitierte Schicksal schaltete sich ein: Ein „Stadthabicht“, keine besondere Spezies dieser Greifvögel, schnappte sich am nächsten Tag das auf einem First laut singende Männchen und trug es seinen Jungen im Schlosspark zu. Nun lag die Last des Fütterns auf dem Weibchen und es war Ehrensache, ihm zu helfen. Auguste schnitt feine rohe Filetstücke zurecht, die wirklich wie Würmer aussahen und ich oder sie selbst, wegen der Schule, spielten fleißig Vaterersatz. Wenn ich fütterte, wartete das Weibchen geduldig im Gebüsch nebenan. So verließen die Jungen, nachdem sie zu neun Zehnteln befiedert waren, an einem Nachmittag das Nest, versteckten sich lose und warteten, bis ihre Mutter und ich erschienen. Sie sind alle groß geworden.

An dieser Stelle möchte ich einflechten, was fleißige Vogelkundler ausgerechnet oder kombiniert haben: Nur aus jedem 16. gelegten Ei entsteht der flügge Vogel. Die anderen fünfzehn Eier verderben, sind unbefruchtet, werden von Fressfeinden gegessen oder die aus ihnen geschlüpften Jungen erliegen den allseits vorhandenen anderen Gefahren der freien Natur. Aber der durchgekommene Nachwuchs ist immer noch zahlreich genug, die Art zu erhalten – mehr hat, sagen wir's salopp, die Evolution nicht vor. Amseln sind keine Zugvögel, erweitern im Winter aber ihre Reviere, in strengen Wintern ziehen sie wie andere Überwinterer in die Nähe des Menschen oder seiner Einrichtungen und teilen sich im Frühjahr in zwei Gruppen auf: In Stadt- und Waldvögel. So hatte ich als Naturfotograf viele Gelegenheiten, wenn die Natur für ein paar Monate karger geworden war.

* * * * * *

Nicht alle meine Abenteuer, die ich hier zum Besten gebe, können für die Betroffenen glücklich ausgegangen sein. So erging es **Auerhahn** Uri, dem imposanten Vertreter jener Wild- und Vogelart, die nicht nur bei Jägern hoch angesehen ist. Für jeden Naturfotografen ist das Auerwild eine Herausforderung, denn die Tiere sind scheu, heimlich und leicht zu vergrellen, (unwillig zu machen, so dass sie fortziehen). Uri, der in seinem Revier wohlbekannt ist, hat schon viele Wanderer und Spaziergänger in Angst und Schrecken versetzt, doch dieses Mal ging die Sache daneben.

„Er ist wieder da", teilte mir Revierinhaber XYZ am Telefon mit, dessen Jagdrevier beim Schauinsland lag. Er wusste, dass ich ziemlich versessen auf Fotos von Auerwild war, vornehmlich auf die Hennen, die viel heimlicher sind als ihre Hähne. Aber Uri war bisher immer nur solo aufgetreten und ließ alle Hennen links liegen. Der Anruf lockte mich sofort aus dem Haus und am anderen Tag fuhren XYZ und ich los. Schon vom Wandererparkplatz, noch ehe wir ausstiegen, sahen wir den Volks-, bzw. Spaziergängerauflauf, der nichts Gutes verhieß.

„Er ist", sagte XYZ und meinte damit Uri, „sicherlich wieder einem Touristen auf den Kopf gestiegen; eine Spezialität von ihm."

Nun, deswegen war ich hergekommen. Aber an Ort angekommen lag Uri am Boden und tat keinen Mucks mehr. Einer der Touristen erkannte in XYZ wohl eine Amtsperson und berichtete:

„Dieses aggressive und wilde Tier hier, eine Art amerikanischer Truthahn, sprang meiner Frau auf den Kopf, und nur ihr stabiler Trachtenhut verhinderte Verletzungen; sehen Sie sich, Herr Oberförster, die Krallen von diesem Vieh an! Da habe ich ihm mit meinem Spazierstock eins übergebraten, dass er tot zu Boden fiel. So war's, nicht anders. Jäger und Förster sollten achtgeben, dass solche Biester nicht in den schönen deutschen Wäldern ihr Unwesen treiben."

Da hatte der Mann geschickt den Spieß umgedreht und jede Schuld von sich gewiesen. Zustimmendes Gemurmel der Zuschauer. XYZ verzichtete auf eine Strafanzeige wegen Jagdwilderei und wir nahmen Uri mit heim. Dort prangt er noch heute, leicht verstaubt, an der Wand des Herrenzimmers.

In meinem Buch „Meine Wildtiere und ich" habe ich meine Abenteuer mit einem „verrückten" Auerhahn bei Schramberg im Schwarzwald erzählt. Diese Verrücktheit tritt nur in der Balzzeit des Auerwildes auf und natürlich nur bei den Hähnen. Die Wissenschaft erklärt sie, zum Beispiel „mein" Zoodirektor zu Hause:

„Diese Hähne haben einen Stich in der Birne, wenn auch nur zeitweise, nämlich eine Hormonstörung, wie sie bei uns Männern auch mal vorkommen soll. Das legt sich, wenn der Sommer kommt. Übrigens bekommen auch die Auerhennen diesen Tick, doch viel, viel seltener und weniger ausgeprägt, weil sie ja insgesamt mehr Heimlichtuer als die Hähne sind.“ In Schramberg führte mir Revierförster Erwin Wagner eine brütende Auerhenne vor, die auf ihren Eiern sitzenblieb, auch als ich sie aus einen Meter Entfernung anblitzte.

* * * * * *

Weiter geht es mit A. **Aras** oder Araras, wie man auch sagt, haben wir zu Hause nicht gehalten, zumal uns auf Dauer schon das Geschrei und Gezeter der Kanarienvögel nervte. Ich lernte sie im Zoo kennen, bzw. sie mich. Denn immer, wenn ich in Sicht kam, vollführten sie ein Ara-Konzert sondergleichen und was auch, wie ein Südamerikaner berichtete, dort in seiner Heimat noch nicht vorgekommen sei. Das hatte einen guten Grund, den ich jetzt verrate: Weil das, was ich ihnen zusteckte, die normalen Leute Südamerikas damals noch nicht kannten – jene Weichkaramellen, die heute in jedem Supermarkt liegen und im Kölner Karneval umher geworfen werden! Das sind Bonbons, an denen Kinder, auch Aras und vor allem Zahnärzte ihre reine Freude haben können.

Leider fand damals kein Tierfilmer Zeit, hier zu filmen, und ich fotografierte noch nicht. Das war ein Gelutsche und Gekeckere, ein kompletter Ara-Wortschatz wurde ausgestoßen, und wenn diese Vögel nicht alle angekettet gewesen wären, sie hätten sich gegenseitig pfannenfertig gemacht. Eine reine Augen-, aber keine Ohrenweide sind die Aras von Teneriffa im Loripark. Man behauptet dort, nicht einmal die finsterste Nacht kann sie zum Schweigen bringen – ich musste erst kommen! Um sie stundenlang so „schnabeltot“ zu machen, dass die Geschäftsleitung aufmerksam wurde und näher hinhörte. Ich reichte jedem der blauen, roten, grünen und gelben Aras, die mich und meine Kamera argwöhnisch beäugten, einen 20-Zentimeter-Streifen Lakritz, die ich von den bekannten Rollen gezogen hatte. Das machte sie so baff und damit stumm, dass ein Wärter erschien, um nach der so genannten Ordnung zu schauen.

Da hatte ich schon die schönsten Aufnahmen im „Kasten“ - „Haribo macht auch Aras froh!“ Den misstrauischen Wärter machte ich froh, indem ich erklärte, Lakritz sei für alle Mägen der Welt empfehlenswert, auch für Ara-Mägen: „Sie sollten es hier im Shop anbieten für Tiere und Menschen. Besonders Ihre Gorillas werden Ihnen dankbar sein, wenn sie es lutschen dürfen.“

Bei den Seminolen Floridas wurde Blau-Ara „Blue“ innerhalb von Sekunden mein bester Freund – allerdings nur eine Stunde lang; da fuhr unser Bus weiter. Er hatte beobachtet, wie ich den Kindern des Stammes je ein Sahnebonbon gab. Flugs kam er vom Ast geflogen und landete auf meinem linken Arm, wo mich der Ärmel einer festen Lederjacke vor den Moskitos schützen sollte, jetzt vor seinen Krallen. Blue bekam erst einmal das Sahnebonbon, aber weil er es ohne zu knabbern verschluckte, beschäftigte ich ihn mit einem weißen harten Pfefferminzbonbon. Das krachte in seinem Schnabel wie berstendes Porzellan, ließ mir aber Zeit, Alligatoren, Schlangen und Ochsenfrösche zu fotografieren – die alle zum Trocknen aufgehängt waren oder, naturgetreu präpariert und in den Sumpf gestellt oder gelegt, so dass dieser Trick im Foto nicht auffiel. Der Bus hupte zur Abfahrt und Blue, eine ganze Rolle Lakritz im Schnabel, meinen Abschied zu spät bemerkte.

Mit **Adlern** hatte ich kaum ein so intimes Verhältnis, außer mit Ariel, dem Liebling des Falkners Alfred. Die anderen, welche ich besuchte und fotografierte, hockten alle in großen zoologischen Volieren, wo sie den Tag verdösten und aufs Futter warteten. In Begleitung eines Wärters durfte ich ihnen so nahe rücken, wie es zum Wohle des Bildes notwendig war. Alfred war sehr eigen mit Ariel, den er mir auf meinen linken Lederhandschuh setzte und der mir so tief in die Augen schaute, dass ich ganz verlegen wurde. Und prompt verknallte er sich in mich, als ich ihn hochwerfen durfte und er zu mir, nicht zu Alfred auf die Hand zurückkam. Alfred guckte pikiert drein, als ich sagte:

„Ich muss ihn belohnen."

Und ging mit ihm zur Würstchenbude. Dort aß er eine 50-Zentimeter-Knackwurst manierlicher als die meisten Leute an den Tischen und Stehpulten es taten und fand viel Beifall. Alfred nahm ihn mir mit dem Verweis ab, „er wird wohl Magenbeschwerden kriegen" und ließ ihn zu einem erneuten Rundflug starten. Als Ariel suchend zurückkehrte, saß ich schon hinterm Lenkrad. Wo er mich natürlich nicht entdecken konnte. Was denken eigentlich solche Tiere?, fragte ich mich, wenn überhaupt, wenn sie so schnöde behandelt werden…

B

Unter unserem zweiten Buchstaben habe ich allerlei Vögel vorzustellen. Sollte mich also kurzfassen. Ich beginne mit der „Himmelsziege" genannten **Bekassine**, welche eine kleine Schnepfenart ist und das erste Opfer meiner professionellen Vogelfotografie wurde. Mit „professionell“ meine ich, dass ich alle mir möglichen Tricks zur Anwendung bringen musste. Es schien mir unmöglich, den nicht einmal taubengroßen Vogel separiert, also einzeln und nicht in Gruppen wie am Strand, aufs Bild bannen zu können, ohne ihm bei seinem Gelege aufzulauern. Das Pärchen brütete, das heißt sie brütete, er bewachte, auf der weitläufigen „Hobblings Wiese“, welche noch im Wuchs stand und bald entweder gemäht oder von Rindviechern belebt sein würde. Alle Schnepfenvögel sind Bodenbrüter, ihre Jungen Nestflüchter, die wenige Minuten nach dem Schlüpfen ihren Eltern folgen können. Verfolgt werden sie von Fressfeinden wie Taggreifen, Füchsen, Dachsen, Mardern und Wieseln. Auch Möwen verfolgen sie auf den niederen Wiesen und Weiden der Küsten- und Flusslandschaften. Sie sind kleiner als Hühnerküken, gut getarnt und halten sich bei Warnrufen der Eltern mucksmäuschenstill.

1958 hatte noch kein Tierfreund etwas dagegen einzuwenden, wenn Fotografen mit der nötigen Sorgfalt während der Brutzeit den Vögeln nachgingen. Ich ließ mich mit meinem Tarnzelt drei Meter neben dem aufgespürten Gelege nieder, steckte das Teleobjektiv der Exakta durch die Zeltwand und presste meine Augen hinter den anderen Sehschlitz, um das Umfeld beobachten zu können. Nach wenigen Minuten klangen die Warnrufe der Elternvögel ab, ich hörte das Gepurre landender Vögel und das Weibchen, vom Männchen optisch nicht unterscheidbar, trippelte geduckt heran und ließ sich ohne Fisimatenten auf den Eiern nieder. Das geschah so schnell, dass ich nicht reagieren konnte, außerdem lag der Vogel jetzt so geduckt auf den Eiern, dass er kein gutes Foto hergab. So hatte ich mir das nicht vorgestellt. Ich hoffte nun, dass der Partner zur

Brutablösung herbeikäme oder die Bewachung des Weibchens übernehmen würde.

Doch es kam anders und für mich glücklicher. Denn der Besitzer der großen Wiese hatte mich vom Hof aus unter die Lupe genommen, (ins Fernglas genommen), und wollte nun wissen, „was fürn Gedöns dort vorging“. Am Zetern der Bekassinen und der ebenfalls hier zahlreich brütenden Kiebitze bemerkte ich die Unruhe auf der Wiese und schaute intensiv auf die Umgebung vor mir – ja, der Bauer kam heran gestiefelt und wurde von aufgeregten Vögeln umkreist. Doch der Blick aufs Nest vor mir ließ mich erstarren: Da stand in voller Größe das kleine Männchen neben dem noch immer fest auf den Eiern sitzenden Weibchen, und beide kümmerten sich nicht um das Kamerageräusch und das sich bewegende Objektiv. So konnte ich erst die Schwarzweißaufnahmen machen und dann auf die Kamera mit dem Farbfilm wechseln – da stand der Bauer hinter mir und sagte im keineswegs zornigen, kaum übersetzbaren Plattdeutsch:

„Nu, do sitt he gut.“

Ich kroch halb aus dem Zelt, grüßte, stellte mich und meine Arbeit vor und erntete Beifall.

„Komm‘se vonne LK?“, fragte er.

Mit „LK“ meinte er die Landwirtschaftskammer.

„Nein“, antwortete ich, „bin selbständig und arbeite für das LW.“

„LW“, das wusste er, war das Landwirtschaftliche Wochenblatt. Nun war der Bann gebrochen und Bauer Schulte Hobbeling lud mich zum Mittagessen gegen 13 Uhr „up mien Hoff da achtern“ ein. Er ging mit, „ick will nich störn“ fort und die beiden Altvögel kamen schnurstracks zurück. Dabei blieb das Männchen neben dem Nest stehen und ließ sich im besten Morgensonnenschein „ablichten“. So machte ich Schluss mit dem „störn“ und baute ab: Kamera, Taschen und den anderen Kram umgehängt, mit beiden Händen das Zeltgestänge angehoben und so konnte der Bauer, der noch einmal herüber guckte, sehen, wie ein Tarnzelt sich selbständig und davonmachte…

Großagrarier Schulte Hobbeling war ein richtig prima Kerl. Nach dem Essen, an dem ich teilnehmen musste, war klar, dass ich bei ihm ein- und ausgehen konnte. Damals für mich ein großer Vorteil, denn ein umfangreiches landwirtschaftliches Anwesen steckte voller Tiermotive, an die ein Normalbürger nicht herankommt. Für die Fotos seines Tierbestandes, die ich nebenher machte, bezahlte er mich mit Naturalien wie Eiern, Würsten, Kartoffeln zum Einkellern und Obst und Gemüse aus eigener Erzeugung. Das alles hatte ich meinen ersten B-Vögeln zu verdanken und Bekassinen blieben meine engsten Freunde. Himmelziegen heißen die Männchen, weil sie bei ihren steil abwärts führenden Balzflügen ihre Flügelfedern so stellen, dass ein meckerndes Geräusch erzeugt wird.

* * * * * *

Buchfinken, welche den Menschen in Parks und Gärten vor den Füßen hocken und das Futter aus den Händen picken, nehmen jede Störung am Nest übel und verlassen es bei groben und länger andauernden Versuchen, sie dort zu fotografieren. Das musste ich erst lernen, als ich die Kamera ans Nest stellte und wartete, ob das Weibchen zurückkehrte. Länger als ein oder zwei Stunden halten es die Eier aus, nicht bebrütet zu werden. Dann erkalten die Jungen darin und sterben ab. So versuchte ich es auf andere Weise:

zurückbleiben und beobachten, welche Zweige und Äste das Männchen zum Singen bevorzugte. Ein 500er Tele machte dann aus fünf Metern Entfernung die passenden Fotos. Weniger pingelig waren die **Buntspechte,** deren Höhle in einer Fichte in nur zwei Metern Höhe lag – das hatte ich mir gewünscht, weil ich kein Klettermaxe bin und ihnen höher hinauf nicht hätte folgen können. Die in der Höhle ausgebrüteten Jungen waren kurz vorm Ausfliegen, also bereits wie die Altvögel gefärbt. Immer je eines, mehr Platz war im Loch nicht, kämpfte sich vor, wenn die Jungen hörten, dass einer der Altvögel am Baum gelandet war. Ich besaß zu der Zeit, 1957, noch nicht die Hasselblad, sondern die etwas altertümliche Reflex Korelle 6x6, deren Auslöser, wenn man ihn über Pressluft auslöste, sich nach unten bewegte. Dieser Umstand verdarb mir die ersten Aufnahmen, bei denen ein Altvogel ein Junges fütterte: Kurz vor der Auslösung flog er blitzschnell ab. Die Kamera war mit einem Tarnstoff abgedeckt, und als ich mir, auf der Leiter stehend, das Ganze noch einmal anschaute, sah ich, dass der Auslöser nicht abgedeckt war. Ein bisschen gerichtet, das Gummiband drumherum gespannt, und sogleich war jede Aufnahme ein Volltreffer. Am anderen Tag waren die Jungen ausgeflogen und selbständig geworden. Nie wieder fand ich eine Spechthöhle, die mit einer Leiter erreichbar war.

Eigentlich sollte hier ein B-Vogel folgen, der zu den zutraulichsten und niedlichsten Vögeln gehört: die **Blaumeise.** Aber ich werde sie unter M im Sammelbegriff Meisen behandeln, weil diese Vogelart so zahlreich ist. Darum ist jetzt die **Brieftaube** an der Reihe, die ja eigentlich eine Felsentaube ist. Wenn diese Brieftauben schon eine sonderliche Art sind, dann sind ihre Herrchen, Frauchen habe ich unter ihren Haltern nicht gesehen, mehr Käuze als Normalbürger. Ihre Tauben zu fotografieren, war nicht schwer: In ihren Ställen und Schlägen, in ihren Freivolieren, mit und ohne Herrchen, beim Massenstart und beim einzelnen Zurückkommen. Jeder Nichttaubenzüchter ist in dieser Gesellschaft ein Störenfried, der die Tiere unruhig macht und keine Ahnung von ihnen hat. So habe ich mich rasch verabschiedet und wende mich einem anderen B-Vogel zu.

Eine Zeitlang, in der es eigentlich alle Wildtiere mehr gab als heutzutage, - Wildschweine und Rothirsche ausgenommen -, waren Jäger wie verrückt nach den Trophäen **Birkwild**. (Das Birkwild ist sozusagen das verkleinerte Auerwild). Auch Naturfotografen stellten fast alles auf den Kopf, um Fotos von diesen netten Bodenvögeln zu machen. Übers Jahr ist an das Birkwild fotografisch kaum heranzukommen, weil es sehr scheu und heimlich ist und sehr gut sehen kann. In den Mooren und anderen Freiflächen der Landschaft können sie aus Kilometern Entfernung jeden Menschen herankommen sehen.

So musste auch ich mich in die Reihe derjenigen begeben, die, wenn sie denn unbedingt Fotos haben müssen, lange vor Hellwerden auf den Beinen sein sollten, um das vorbereitete Versteck aufsuchen. Denn die Sache läuft so ab, ob man nun schießen oder fotografieren möchte: Die Balz des Birkwildes findet in reger Gesellschaft von Hähnen und Hennen statt, wo viel geschnalzt, gezischt, gekollert, gefaucht und gehüpft wird, von den Hähnen natürlich, um die Hennen zu beeindrucken. Dass dieses Verhalten wirkt, ist Tatsache – wo sonst sollten die Küken herkommen? Ich muss jetzt, ehe ich in Einzelheiten gehe, hervorarbeiten, wer es leichter mit dem Birkwild hat: Jäger oder Fotograf. Die Antwort ist eindeutig: Der Jäger. Das ist leicht erklärt: Der Jäger schießt auf hundert Schritt, der Fotograf aus zehn bis zwanzig Metern; der Jäger kann schon bei geringstem Morgenlicht schießen, der Fotograf muss den Sonnenaufgang abwarten; dem Jäger genügt auf diesen hundert Schritt eine minimale Tarnung in der Vegetation, der Fotograf muss vollkommen unsichtbar sein.

Los geht's also. Das Ein-Quadratmeter-Zelt ist am Vortag mitten auf dem Balzplatz errichtet und mit Grünzeug völlig der Umgebung angepasst worden. Da hatte ich einen schönen Ausblick auf den Spitzingsee. Nun bin ich den Berg so viel wie möglich im Käfer hochgefahren, habe ihn abgestellt und steige aus – nur nicht in der Finsternis die Orientierung verlieren! Es ist 3 Uhr und stockefinster. Noch zwanzig Minuten Anstieg über eine freie Heide- und Ginsterfläche, dann stehe ich vor meinem Zelt und krieche hinein. Dort bleibe ich ein Kriechtier und krieche zusammen, um bis zur ersten Dämmerung noch ein wenig zu schlafen. Vorher habe ich das Bodenstativ gerichtet und das Teleobjektiv durch den Schlitz geschoben. Ein Hin- und Hergucken gibt es nicht und was eventuell hinter mir passiert, kann ich nicht mitbekommen. Ich hatte mich vorher schon lesend schlau gemacht und wusste, dass man das Einfallen (Landen) der Vögel gut hören könne – sie plumpsen sozusagen auf die Erde.

Das geschah dann auch. So wurde ich Zuhörer einer Balzstunde in völliger Dunkelheit und fragte mich, was ich tun sollte, wenn die Helligkeit so stark würde, dass ich immerhin die Vögel aus dem Schlitz heraus und im Sucher sehen könnte, aber – und das war hier der Knackpunkt, wo gibt es den Farbfilm, dessen Empfindlichkeit hier ausreicht? Und dann, die Sonne lachte bereits oberhalb des Horizonts, geschah etwas, worüber mich kein Jäger oder Ornithologe informierte: Wie auf ein Kommando erhoben sich alle dreizehn Hähne und strichen ab. Ich blieb hier nur, weil ich feststellte, dass die Hennen geblieben waren – vielleicht kam mir eine nahe genug vors Objektiv.

Jetzt war die Sonne so hoch gestiegen, dass sie die ganze Szenerie vor mir in ein Licht tauchte, wie es nur in den Alpen vorkommt. Meine Stimmung wage ich hier nicht aufs Papier zu bringen. Doch plötzlich, - hörte ich richtig? -, ein Poltern wie vorhin, als die Hähne einfielen! Ein Blick nach draußen ließ mein Herz explodieren: Da waren sie alle zurückgekommen, diese lustigen Hähne, „zur Sonnenbalz", wie man mir später mitteilte, und tanzten in der Sonne, sprangen sich ins Gesicht und forderten ihre Gesinnungsgenossen mit gesenktem Kopf zum Duell auf. Fortuna und Diana, die beide auch die Göttinnen der Lichtbildner sein sollen, hatten mich in ihre bergenden Fittiche genommen und führten einen Hahn nach dem anderen vor meinem Objektiv her...

Mit unserem populärsten und häufigsten Greifvogel möchte ich die Reihe der B-Vögel beenden, dem **Bussard**. Die meisten Menschen sehen ihn heutzutage in der Nähe vielbefahrener Straßen auf Bäumen hocken. Dort wartet er, bis mal wieder ein Tier überfahren wird. Unter Lebensgefahr versucht er dann, an den Kadaver heran zu kommen. Diesen Leichtsinn versuchte ich zu nutzen, als ich in mäßiger Fahrt auf einer Landesstraße einen Bussard auf der anderen Straßenseite auffliegen sah. Er war von einem überfahrenen Hasen aufgeflogen und wartete darauf, dass der

Verkehr sich beruhigte. Kurzerhand wendete ich, kam zurück, parkte abseits der Straße und schnappte mir den Hasen. Dann suchte und fand ich eine Stelle, welche meinen fotografischen Absichten entgegenkam: Einen Baumstumpen, auf den ich den Hasen nicht nur legen, sondern auch befestigen, notfalls nageln konnte. Denn eines wusste ich aus Erfahrung: Würde der Bussard, der mich oben in der Luft segelnd beobachtete, zurückkommen, dann würde er als echter Greifvogel den Hasen greifen und ihn fortschleppen.

Eine Viertelstunde später saß ich hundert Meter entfernt im Auto und beobachtete die Szenerie mit dem Fernglas. Neben mir lag das Funkgerät, das die beim Hasen versteckt untergebrachte Hasselblad 500EL auszulösen vermochte. Es kam genauso, wie ich es getan hätte, wäre ich ein hungriger Bussard gewesen: Er kreiste dreimal über der Beute, landete aber zwanzig Meter abseits und ging vorsichtig, immer wieder anhaltend und spähend, endlich zum Hasen – besitzergreifend stellte er sich auf ihn. Klar, dass meine Kamera zu klicken anfing! Er versuchte den Hasenrest vom Stamm zu reißen, und als das nicht glückte, begann er hastig und immer wieder die Lage prüfend mit seiner Mahlzeit. Zwanzig von siebzig Aufnahmen hatte ich noch in der Kamera – sie gingen alle drauf!

C

Nach deutschen Vogelnamen mit C habe ich vergeblich gesucht. Um aber das C nutzen zu können, greife ich auf eine meiner Unsitten zurück, noch im zweiten Schuljahr „unsere“ Kanarienvögel „Canari“ zu nennen und zu schreiben. Und man merke auf: Die Spanier schreiben und sagen „Canario“! Ich habe an anderer Stelle beschrieben, welche

Freude mir als Kleinkind unsere insgesamt drei Canaripärchen Krischan und Meta machten und habe wohl damals keinen Hörschaden gehabt. Wir wurden den beiden III. erst überdrüssig, als Auguste klagte, an Ohrenpiepsen und Gehörsingen zu leiden, (die Diagnose Tinnitus, - Betonung auf dem zweiten I -, kannte damals keiner bei uns.) Und als sie mokierte, ihre Unterbringung in dem zu kleinen Käfig wäre Tierquälerei, stimmte die Familie zu und begab sich auf die Suche nach Leuten, die eine größere Voliere besaßen. Ich hatte als Siebenjähriger die Debatte, in der auch das Wort „Freiheit" fiel, mitgehört und beschloss freiheitlich zu handeln und es Krischan und Meta freizustellen, frei zu handeln. So öffnete ich eines guten und stillen Nachmittags den Vogelbauer, der auf dem überdachten Balkon stand und beobachtete. Wie Meta, das Weibchen, cleverer war als Krischan, ihr Männchen: Sie setzte sich in die Öffnung und ließ sich den Wind der Freiheit um den Schnabel streichen, dann hüpfte sie aufs Geländer des Balkons. Er folgte ihr sofort und dort saßen sie traut allein, bestaunten eine Welt, mit der sie nichts anzufangen wussten. Diesen Eindruck hatte ich jedenfalls. Sie hörten Amseln flöten, Singdrosseln singen und Spatzen schilpen, dann kam eine Meise auf den Balkon, und als sie wieder in den nächsten Baum abflog, riss sie unser gelbes Pärchen sozusagen mit. Dort sah ich Krischan und Meta das letzte Mal, wie sie starteten und in Richtung Schlossgarten davonflogen. Und unsere Familie? Niemand vermisste sie, keiner fragte nach ihrem Verbleib…

D

Allen D-Vögeln, denen ich begegnet bin, die meinen Weg gekreuzt und mir ihren Charakter offenbart haben, muss ich **Dohle** Jakob vorziehen. Wenn alle Lebewesen charakterlich so wären wie Jakob, - eine Hypothese nur -, dann hätten wir keinerlei ernste Verwicklungen kennengelernt. Nur gelacht, gelacht und nochmal gelacht, vielleicht hätten sich einige Zeitgenossen totgelacht – was immerhin tausendmal erträglicher gewesen wäre als lachende Kaiser, Könige und Feldherren!

Wenn ich rückblickend über die Metamorphose Jakobs nachdenke, wird mir bedenklich: Ein fast erwachsenes Wildtier wird den Eltern aus dem Nest gestohlen und gebärdet sich dabei so aggressiv mit empörtem Geschrei, Schnabelhacken, Kratzen und umher spritzendem Durchfall, dass man ihn schleunigst den Eltern zurückgeben wollte.

„Die nehmen den nicht mehr“, behauptete ich dreist, „er wird im Wald umkommen und vom Fuchs geholt werden.“

Ich nahm ihn auf, wickelte ihn in mein Taschentuch und steckte ihn wie ein Baby unter meine Joppe. Es war Sonntag und Arbeit stand nicht an, sonst hätte Bauer Hilgemann protestiert. Mein ruhiger Herzschlag schien Jakob, so war er ohne Zeremonie getauft worden, zu behagen, er gluckste zufrieden und ließ sich ein Stück Lakritz in den Schnabel stecken. Dann ging ich zum Hühnerhof, wo ich stets freudig empfangen wurde, obwohl ich in regelmäßigen Abständen Todeskandidaten für Suppe und Braten unter den Bewohnern separieren musste. Weil ich nicht wusste, ob die kurze Bekanntschaft zwischen mir und Jakob ausreichen würde, ihn nicht fortfliegen zu lassen, ging ich mit ihm in den abschließbaren Hühnerstall und kramte ihn aus der Jacke hervor – er blieb auf meinen Knien sitzen, beküttelte sie und wartete auf Leckereien. Damit war die Zähmung Jakobs, kaum begonnen, schon abgeschlossen. Ich brauche jetzt nur noch von seinen Streichen zu erzählen, um ihn meiner Leserschaft sympathisch zu machen.

Das Landvolk hatte, was ich erst langsam erfuhr, ein diffuses, kaum überschaubares Verhältnis zu Tieren. (Schinder, besonders von Arbeitstieren, waren selten, sie kamen nie weit). Und wer keinen Nutzen mehr brachte, kam stracks zum Abdecker; Ausnahmen in Sachen Gnadenbrot gab es. Als ich zum ersten Mal die Sitte einführte, in arbeitsfreien Stunden den jeweiligen angeketteten Hofhund an der Leine auszuführen, war das Gelindeste, was geschah, mitleidiges Kopfschütteln und arrogantes Vogelzeigen. Das nur nebenbei, unser Thema ist ja hier die Vogelwelt.

Ich war Jakobs Stiefvater geworden und auch diese Vaterschaft brachte Verpflichtungen mit sich. Doch enthob mich Jakob derer, weil er in einer Woche so selbständig wurde, dass ihn diese bäuerliche Familie an Kindes statt annahm. Jakob war also Mitbewohner einer meiner bäuerlichen Arbeitsstellen und wurde ein Schelm sondergleichen. Jeder Ornithologe, der etwas auf sich hält, weiß ja, dass alle „Rabenvölker" oder „Krähenartigen", zu denen Dohlen zu zählen sind, es als zahme Haustiere „faustdick hinter den Ohren haben". Jakob war noch nicht drei Wochen Familienmitglied, als er das hiesige Plattdeutsch zu verstehen schien, er sprach es auch, wenngleich in rudimentärer Fassung. Er hatte nun eine Anzahl Berufe erlernt, für die Menschen Menschenalter benötigen: Hausgenosse, Flugkünstler, Dieb, Spitzbube, Schalk, Betrüger, Sänger, Schwätzer, Liebling und Störenfried – einen dieser Berufe übte er immer aus.

Nehmen wir uns einige als Beispiele vor. Erstens: Es fiel auch dem halbblinden Großvater auf, dass Sachen abhanden kamen, die zu den Alltäglichkeiten des Lebens gehören und für die ein professioneller Dieb nicht den kleinsten Finger rühren würde.

„Ich habe meinen Ehering verloren", jammerte Großmutter Bernhardine.

„Jetzt fehlt schon der zweite silberne Serviettenring", zeterte Bäuerin Lina.

„Kann sich einer von euch vorstellen", fragte Bauer Fritz, „dass meine Büroklammern stetig weniger werden?"

„Und meine Hosenklammern fürs Fahrrad", bemerkte Sohn Ewald, „ich kann sie doch nicht verloren haben!"

Der Verdacht fiel auch auf mich.

„Wenn ich euch etwas stibitzen will", konterte ich, „werde ich mich an euren Silbersachen vergreifen, oder?"

Ein Silberstück war's, das den Täter entlarvte. Frieda, die Tochter des Hauses, hatte das Pastorenehepaar Horstmeier geladen, um „das Prozedere", wie sie sagte, ihrer baldigen Hochzeit zu besprechen. Ich machte eines meiner hier seltenen Nickerchen und wäre eben eingenickt, als ich Jakobs begeistertes Keckern hörte. Ich blickte auf und sah just noch, wie er auf dem Tisch landete, einen der silbernen Kaffeelöffel in den Schnabel nahm, aufflog und im Holzschuppen verschwand. Dort standen allerlei Geräte und auch jene zweispännige Kutsche, mit der zur Kirche, und natürlich auch zurück, gefahren werden sollte.

Frieda kam, sah, schrie und blickte mich an:

„Du also klaust unser Silber!"

„Ich habe zu Hause mehr davon", sagte ich gelassen, „als du hier erben wirst. Hol deinen Bruder her und dann finde ich den Dieb."

Nun, Fritz und ich und dann noch mehr Volk standen vor der Kutsche, auf deren Innensitz Jakob seine Beute gelagert hatte, Langvermisstes, Verlorengeglaubtes, Undefinierbares, Wertloses und Kostbares, Fremdes und Eigenes: Eheringe, Taler, Büroklammern, Goldzähne, Murmeln, Kugellagerkugeln, Teelöffel, Zahnstocher, Brieföffner, Schmuck und so weiter, und viele Salmiakpastillen und Lakritze. Ich hatte immer geglaubt, er sei der einzige Vertreter der Gefiederten, der die Naschsachen, die ich ihm gab, auch aufaß – ein Irrtum dies!

„Eines jeden Beklauten Geduld geht einmal zu Ende“, lautet ein altes Sprichwort.

„Pack dir Jakob in einen Karton“, riet man mir, „fahr mit ihm in den Forst und lass ihn frei – ein milderes Urteil kann es für ihn nicht geben.“

Das stimmte schon, „doch mit des Geschickes Mächten, kann man kein Bündnis flechten“, soll heißen, dass Jakob den Heldentod fand! Er war, was ich noch nicht erwähnt habe, hier der Erfinder des Veitstanzes. Den führte er auf, wenn er seine geflügelten Kollegen vor Bussarden, Habichten und Falken warnen wollte: Die vielen Perlhühner, Gänse, Enten, Hähne, Hennen und Küken. Doch diesmal, ich sah es genau, dachte er nicht an seine eigene Sicherheit – der Habicht sah, kam und griff ihn…

* * * * * *

Es ist jetzt über zwei D-Vögel zu berichten, die ganz wackere und zutrauliche Gesellen sind und mir nur Vergnügen bereitet haben. Der erste heißt **Dorngrasmücke** und hat weder mit Dornen noch mit Mücken etwas zu tun. Seine Schwarzweißaufnahmen von 1956 existieren noch, die

Farbdias ab 1960 sind „längst hinüber". Ich fand ein Nest, deren bisherige Inhaber nun ins Leben treten wollten, also dreiviertel flügge waren und von den Eltern hergelockt wurden. Ich war auch anwesend und wir bildeten so etwas wie eine Interessengemeinschaft in Dreiergruppe. Die beiden Altvögel nahmen mich so wenig wahr, dass ich weder mich noch die Kameras zu tarnen brauchte. So hüpfte ein Junges auf die Exakta-Varex, die mit dem Novoflex-Balgengerät bestückt war – ein für damalige Zeiten furioses Foto! Einen anderen Jungvogel durfte ich mit einer Raupe füttern und er folgte in großer Gier meiner Hand. Nur zwei Tage dauerte diese Idylle, dann hatte sich die Familie auseinander gelebt, und weil es noch früh im Jahr war und ein reichliches Nahrungsangebot herrschte, machten sich die Eltern an eine zweite Brut.

Ganz und gar ruhige Zeitgenossen sind die **Dompfaffs**, deren Männchen, darum der Name, pfaffenartig rot gefärbt sind. Als ich dabei war, wie ein echter Ornithologe die halbflüggen Jungen im Nest zu beringen, saß das Männchen über mir im Gezweig und gestattete gegen den blauen Himmel fantastische farbige Aufnahmen. Diese Vogelart trägt das Futter für die Jungen nicht sichtbar im Schnabel, sondern bereits zu einem Brei zerkaut, und verteilt diese Mahlzeit in einem Arbeitsgang an alle geöffneten Schnäbel.

Zum Abschluss des D-Kapitels müssen wir eine ganze Familie vorstellen, die umfang- und zahlreiche der **Drosseln.** Die populärste unter ihnen, die Amsel oder Schwarzdrossel, haben wir ja bereits am Anfang vorgestellt. Ihr folgt im Bekanntheitsgrad die Singdrossel. (Siehe die Bildtafel mit unseren bekanntesten Drosseln.) Mit der Singdrossel habe ich viele Abenteuer erlebt und Honorare gewonnen. (Siehe das Foto „Singdrossel am Nest“): Es wurde mit einer 9x12-Kamera von 1920 gemacht, die noch Glasplatten für Schwarzweiß und Planfilme für Agfacolor benutzte. Die Auslösung des Verschlusses besorgte der Altvogel selbst, indem er mit dem Fuß zwei Drähte aufeinander drückte und so den Stromkreis für den elektrischen Auslöser schloss. Das Foto erschien als Titelbild der englischen Ford-Zeitung zu einer Zeit, 1958, als das britische Pfund über zehn DM wert war.

Singdrosseln gehören, wie der Name andeutet, zu unseren fähigsten Sängern, wenn sie den Abend einsingen, und haben sich im Lauf der letzten Jahrzehnte stark in städtische Anlagen angesiedelt. Ihr Nest ist wie alle Drosselnester ziemlich umfangreich, aber speziell daran zu erkennen, dass es innen mit einem Ton- und Lehmgemisch ausgespachtelt wird. Die in den Wäldern und Forsten verbliebenen Exemplare sind noch immer sehr scheu und aufgeregt bei Störungen, die in den Städten wohnenden kennen den Menschen als Futterspender, weshalb diese Vögel nicht zum Süden ziehen, sondern nur ihren Lebensraum erweitern.

Alle Drosseln waren früher auch bei uns Jagdbeute des kleinen Mannes. Besonders die nordischen Arten, die im Winter nach Mitteleuropa verzogen, kannten von ihren einsamen Revieren her kaum Menschen. Es war leicht, sie mit Leimruten, - das sind mit Klebstoff bestrichene Äste und Zweige -, zu überlisten oder in Netzen zu fangen. Heute noch, ich habe es selbst gesehen, werden sie in Italien und auch im Tessin bei richtigen Treibjagden innerhalb bewohnter Gebiete mit Schrot beschossen.

Man hatte mir, oder uns, einen kleinen Käfig mit zwei höchstens eine Woche alten Jungen vor die Tür gestellt!

Trotz der Brutzeit kannte ich im Moment kein Drosselnest, dem ich diese zwei „unterjubeln“ könnte. Also selbst Vater und Mutter spielen. Drosseln sind Allesesser und nicht pingelig in der Wahl ihrer Nahrung. Weil meine Frau nicht berufstätig war, konnten wir es wagen. Ein kleiner Flechtkorb in der Größe eines Nestes wurde ihre Heimstatt, so lange sie das Nest nicht verließen. Überall, wo meine Frau ihre Hausaufgaben machte, nahm sie Max und Moritz mit und fütterte sie ungefähr in den Abständen, welche auch die echten Eltern draußen einhielten. Wenn sie satt waren, kuschelten sie sich aneinander und meine Frau legte für Minuten ihre warmen Hände über sie. Es war die friedvollste Kinderaufzucht, die man sich denken konnte. Junge Singdrosseln wachsen mit dem gleichgefärbten Federkleid ihrer Eltern auf.

Zu essen gab‘s keine Sonderrationen, sondern das, was auch die Familie aß, nur schnabelgerecht zubereitet: ungesalzenes gekochtes Fleisch, zu „Würmern“ geschnitten, eingeweichtes Weißbrot, Müsli, Beeren aus dem Garten, in der Wohnung gefangene Brummer und Motten, aus dem Garten gefangene Heuhüpfer und vom Gemüse wie Kohl abgelesene Raupen und ebenfalls im Garten ausgegrabene Regenwürmer, Engerlinge und Erdraupen. Max und Moritz gediehen, und als sie erste Flugübungen machten und das Futter selbst aufpickten, war für sie der Ernst des Lebens angebrochen: ab in die Freiheit! Aber ehe das geschah, hatten sie für mich als Fotostatisten herzuhalten. So brachten wir sie in einem leeren Aquarium in mein Fotorevier und ich hatte vor, sie vor einem natürlichen Hintergrund, zum Beispiel vor dieser Gruppe Roter Fingerhut, auf einen Ast zu setzen und rasch zu fotografieren.

Das klappte nicht mit Kandidat Nummer eins, Max. Er strampelte sich aus meiner Hand und flog davon, als sei der Wanderfalke hinter ihm her. Mit Moritz gingen wir sorglicher um und stopften ihm erst einmal den Hals mit Mehlwürmern. Er saß dann ganz still in der Sonne, putzte sein Gefieder und ließ mich einen Film voll machen. Dann flog er ohne Abschied vondannen…

Für die kalte Jahreszeit bemühte ich mich, natürliches Futter für überwinternde Drosseln zu besorgen: Zweige mit Vogelbeeren, Schlehen und Hagebutten, die ich im Garten aufhängen und deren Esser ich dabei fotografieren wollte. Das klappte nicht, weil diese die weite Sicht liebenden Vögel nur dann in Gärten erscheinen, wenn ihnen ein extremer Winter nichts anderes übrig lässt. Da erinnerte ich mich an einen der Kleinlandwirte in der Nähe meines Revieres, dessen Gemüse- und Obstgarten bis an einen Laub- und Nadelwald reichte. Er musste in der Brutzeit seine wichtigsten Pflanzen, wenn die Ernte anstand, mit Vogelnetzen schützen. Mit dem Kofferraum voller „natürlicher" Zweige und Ästen von Wildbäumen und geschnittenen Pflanzen der Blau- und Preiselbeeren und vor allem im Supermarkt gekauften grünen und roten Weintrauben möbelte ich den Garten kulinarisch so auf, dass ich nach zwei Tagen, einem Sonntag, einen Großkampftag überstehen musste. Im Winter frische Weintrauben in Hecken, Spalierbäumen und künftigen Weihnachtsbäumen aufgehängt – das sprach sich in Vogelkreisen schnell herum und so mischten sich einheimische mit zugezogenen Völkern.

Alles war so bequem von mir angelegt worden, dass die fotografisch dekorativsten Stellen immer in der kargen Wintersonne lagen und ich im Auto bleiben konnte – lange zu frieren liegt mir nicht und fördert nur meinen Hang zum

Rheumatismus. Die Störenfriede aller Winterfütterungen fanden sich nicht ein, nämlich die Krähenartigen, dafür kamen die nordischen Tannenhäher, die schon beschriebenen Drosselarten außer der Ringdrossel natürlich und Seidenschwänze, Kernbeißer, Kreuzschnäbel und besonders Bart- und Schwanzmeisen. Bei fünf Stunden Warte- und Fotozeit im durch einen Katalyth-Ofen beheizten Auto konnte man es aushalten.

* * * * * *

Was mir jetzt noch fehlte war die Ringamsel. Ihretwegen in die winterlichen Berge fahren? Nein. Ich musste es im späten Frühjahr schaffen, wenn ich wegen Gämsen und Murmeltieren sowieso dort hinauf wollte. Das wurde eine außergewöhnlich erfolgreiche Fotoexpedition, aber ich werde nur über das gestellte Thema „Ringamsel" berichten. Es wurde so mühelos bewältigt und so sonderbar, dass ich noch heute nur ein wenig schamvoll darüber schreiben kann. Als ich gestandenen Ornithologen berichtete, wie ich die attraktiven Ringdrosselfotos gemacht hatte, lachten einige, andere verzehrten sich vor Neid, noch andere wollten sofort zum Ort der Tat aufbrechen.

Dieser lag in Hindelang, ein Ferienort, wo ich schon 1956 aufgekreuzt war, um Gämsen und Murmeltiere zu fotografieren. Jetzt arbeitete ich oberhalb des Berggasthauses „Zum Oberen Horn" an Blumen und Pflanzen, als mich der Hunger für ein paar Stunden des Ausruhens und Essens zum Lokal herunter trieb. Auf einem nahe des Waldrandes unbesetzten Tisch stand wie einladend ein Teller voller Spaghetti, den ein Gast wohl nicht hatte essen mögen. Als ich weiter ging, hörte ich hinter mir ein Flügelschwirren und einen mir bisher unbekannten Gesangston. Ich sah und hörte mich um und erstarrte, dass ich beinahe die Kamera vergessen hätte: Da wühlte eine Ringdrossel in den Spaghetti, hackte sich kleine Enden zurecht, nahm sie nach Drosselart quer in den Schnabel und flog davon in den Wald. Tief Luftholen war meine erste Reaktion, dann wurde ich realistisch, rückte den Tisch in die Sonne, stellte alle störenden Teile wie Messer und Gabel und Gläser beiseite und, ganz wichtig, schnitt einen herrlich grünen Fichtenast ab und platzierte ihn als Anflug- und Sitzplatz zwischen den Spaghetti und dem Waldrand. Dann schnell auf Fotoentfernung in den Schatten zurückgezogen, die Hasselblad aufs Stativ und die Spaghetti ausgerichtet und gewartet. Inzwischen waren Touristen vorbeigekommen, hatten gelächelt und gemurrt, „kommt hierhin, um sein Mittagessen zu fotografieren“ und „ist ja nur eine Amsel, haben wir zu Hause auch“. Und diese Amsel kam wie von mir gerufen, machte einen kurzen Halt auf dem angebotenen Zweig und „warf“ sich dann auf den Teller. Sie wurde mit den dünnen Nudeln besser und schneller fertig als ein neapolitanischer Großvater, nur dass dieser nicht teilt, sondern auf die Gabel rollt. Wenn die Ringdrossel auf dem Zweig saß und sich den Schnabel putzte, bot sie das perfekte Foto: Seitlich erfasst, der weiße Brustlatz deutlich zu sehen und das schwarze Gefieder fotografisch perfekt beleuchtet – Fotografenherz, was verlangst du mehr?

E

Die Gruppe der E-Vögel kann nur vom **Eisvogel** angeführt werden. Der Beiname „Fliegender Edelstein“ verpflichtet dazu. Dieser sowohl tropisch als auch arktisch wirkende kleine Fischfänger hat schon die Fantasie antiker

Menschen mehr angeregt als größere, wirtschaftlich mehr wichtige Vögel. Im Jahr 1758 bezeichnete Carl von Linné den Eisvogel als *Alcedo ispida.* Der lateinische Name Alcedo ist vom griechischen *Halkyon* abgeleitet, was soviel bedeuten soll wie „die auf dem Meer Brütende". Die Namensherkunft wird in der griechischen Märchenwelt beschrieben: Die um ihren Ehemann trauernde Keyx und er selbst auch wurden nach ihrem Tod in Eisvögel verwandelt. Zur Herkunft des deutschen Namens gibt es Theorien: Es lässt sich der Name leicht vom alten Wort „eisan" ableiten, was schillern und glänzen bedeutet. Auch gibt es die Vermutung, dass ein früherer Name auf Eisenvogel lautete, weil die Rückenfedern des Vogels in der Sonne „eisern" und „stählern" aufleuchten.

Wie dem auch war oder sei: Am Rinnbach, südlich des Venner Moores, hätte ich diesen Vogel nicht erwartet, denn dieser in den 50er-Jahren noch kristallklare Bach besaß kaum Steilufer, welche der Eisvogel für die Fortpflanzung benötigt. Doch Kleinfische wie Stichlinge, Gründlinge und Jungfische verschiedener Arten, dazu Kaulquappen und Wasserinsekten, lebten in seinem im trockenen Sommer niedrig stehenden Wasser mehr als genug. Diese nassen Kreaturen betrachtete ich mir, auf einer Brücke stehend, just intensiv, als ein spitzer, nie gehörter Vogelschrei ertönte und ein blauer Vogel wie ein „Tornado" unter mir bachaufwärts durchschoss. Da, beschloss ich, könnte ein längerer Beobachtungsansitz lohnen. In den fünf Stunden, am Ufer gut gedeckt, ermittelte ich die Bruthöhle in einer Ministeilwand von einem Meter Breite.

Heute lesen Vogelkundler nicht gern, wie Naturfotografen damals an gute Bilder von Eisvögeln herangekommen sind. Keine Angst – ich habe keine Sekunde lang die für die Brut tätigen Altvögel belästigt oder von ihrem Tun abgehalten. In den großen Fütterungspausen von 45 bis 70 Minuten baute ich meine Hasselblad mit dem Kurzzeitblitzgerät und Fernkabelauslöser einen Meter neben die Niströhre und entfernte mich schnell auf meinen Platz gegenüber. Die im Schnurrflug daherkommenden Altvögel, immer einen kleinen Fisch mit dem Kopf voran im Schnabel, interessierten sich gar nicht für die Veränderung und schossen nach kurzem Abbremsen in die Steilwand hinein. Ich bin sicher, dass sie den Kurzblitz beim herrschenden Tageslicht nicht registriert haben.

Als ich genügend Flugaufnahmen gemacht hatte, bot ich den Altvögeln einen Sitzplatz in der Nähe an. Sie sind ja Ansitzjäger wie manche unserer Politiker auch, ruhen sich auch wie diese gerne aus, und so konnte ich die Eisvögel auf diesem natürlichen Sitzplatz fotografieren. Ich weiß, dass es damals Fotografen gab, welche die Nisthöhle seitlich her angruben und freilegten, um Bilder von den Eiern, den Jungen und der unmittelbaren Beuteübergabe zu machen – sie gerieten bald in Verruf und heute würde jedermann sich strafbar machen.

* * * * * *

Ich habe bereits in meinem ersten Buch dieser Reihe, „Meine Wildtiere und ich“, von **Elster** Maxi erzählt, die später den Ehrentitel I. erhielt, als wir Maxi II. ins Haus bekamen. Er hatte das (verbotene) Baumfällen als einziges von fünf Nesthäkchen überlebt und wurde uns übergeben. Da war er so alt, dass man ihn als Elster erkennen konnte. Auch er richtete wie sein Vorgänger unsere Wohnung so zu, dass wir vor Kütteln unseren normalen Unrat nicht mehr erkennen konnten. So musste er in den Zoo, wo man gerade dabei war, den Tierbestand zu erweitern. Doch Maxi II. war sensibler als sein Vorgänger und der Zoodirektor ließ mitteilen, dass er hopsgehen würde, wenn wir ihn nicht abholten. Dieses Abholen! Maxi erkannte uns unter allen Leuten sofort, die heute durch den Zoo promenierten, kam an den Draht geflogen und heulte und piepte so erbärmlich, dass eben diese Leute stehenblieben und nach den Wärtern riefen. Einer kam, steckte Maxi in einen Jutesack und empfahl uns, einen Ort mit regem Vogelverkehr aufzusuchen, ihn dort aus dem Auto heraus freizulassen „und dann mit Vollgas abzuhauen“. Derb aber richtig gesagt, und es geschah so.

Noch während der Fahrt fiel uns der richtige Ort ein: die städtische Müllhalde. Dort, wir sahen es schon von weitem, kreisten Hunderte Krähen, Tauben, Möwen und auch Greifvögel in der Luft und durchsuchten ebenso viele die Halde nach Fressbarem. Drumherum standen viele Bäume und die Landschaft ging allmählich in Wälder und Forsten über – ideal für Maxi, sagten wir uns. Ohne weitere Streicheleinheiten ließ ich ihn aus dem Sack gleiten, er fing sich auf und flog eine Stromleitung über uns – da hatte meine Frau schon Gas gegeben…

Auch der **Eichelhäher**, oft eine Art von Lebensbegleiter für Maxi und Co., fängt mit E an, obwohl er ein Häher ist. Wie dieser, durchaus schon als Single lebensfähig, in unseren Garten geraten ist, wurde nie geklärt. Doch mit detektivischem Spürsinn glaubten wir den Leuten auf die Schliche gekommen zu sein: Sie konnten sein Geplärre nicht mehr aushalten. Der kleine Balkon unserer ersten gemeinsamen Wohnung konnte mit wenigen Handgriffen, wie Vorhang runter und Schlitze zugespannt, in eine ganz passable Voliere verwandelt werden. Äste brauchten nur gelegt zu werden, ein Wasserbecken musste gefüllt werden und eine Unterkunft gegen den vom Westen einfallenden Regen war auch vorhanden – also eigentlich alles vorhanden, was ein aufgewecktes Vogelkind benötigte, vielleicht zwei Wochen lang, um ein erwachsener Vogel zu werden. Oh, was waren wir doch für vogelkundliche Laien!

Kurz und knapp erklärt! Wir hatten Eichi am Abend gefunden, ihn handgefüttert und ihm eine Pipette voll Wasser in den Schnabel geträufelt. Dann setzten wir ihn in den Balkon und gaben noch als Morgengabe einen Löffel Müsli hinzu. Und wirklich und wahrhaftig: Als wir die Balkontür schlossen, war Dunkelheit eingetreten und Eichi schien in ihr schweigen zu wollen. Und meine Frau schlief am anderen Morgen noch, als ich vor der Tagesdämmerung fort musste. So bekam ich nicht mit, dass ihr Eichelhäher-Syndrom begann, als ich noch nicht einmal am Arbeitsplatz angekommen war. Sie wollte einmal meine Abwesenheit zum Ausschlafen nutzen. Zwischen Eichis Balkon und ihrem Schlafzimmer lag das Wohnzimmer und der Flur, genug Lärm dämmende Räume, um Eichis Sonnenaufgangs-Serenade nicht hören zu können. Aber die Nachbarn des Hauses hörten ihn, und was sie hörten: Als ob alle schrillen Komponisten Sohos, Harlems, Kalkuttas, Hollywoods und Berlins ihre letzten noch tönenden schrottreifen Instrumente den Mantelpavianen des Berliner Zoos überlassen hätten. Diese ungewöhnliche Komposition hörte meine Frau erst, als das Haustelefon mechanisch, und ein Polizeichor vor der Haustür natürlich und ohne Hilfsmittel schrillte. In Atempausen klang Eichis Schrillen durch.

Die Polizei nannte sich durch die dünne Haustür namentlich und meine Frau gehorchte und öffnete. Ein Beamter, der auch ein Bekannter war, ging zum Balkon hinüber, öffnete die Tür und schnappte sich Eichi mit dem allseits bekannten Genickbruchgriff, der sonst nur gegen frisch ergriffene Täter angewandt wird. Eichi kam in einen Schuhkarton, der mit einem Kissen ausgepolstert wurde. Schnell noch ein Brötchen dazu, dann sagte der Beamte: „Wenn wir ihn fortbringen, kostet das `nen Fünfziger."

„Ich mach das schon", antwortetet sie.

„Aber nicht abmurksen", riet der Polizist, „diese Viecher gehören zu den nützlichen Singvögeln..."

„...das hört man!"

„...und dürfen nicht getötet werden."

„Falsche Tierliebe das, sehr verdammte sogar!"

Als meine Frau am Verbannungsort ankam, dem geduldigen Zoologischen Garten, war der Vogelwärter schon vorgewarnt: „Sie mit ihm im Käfig, Ihr Mann dazu und alles wäre in Butter – nur eine Vision meinerseits, gnä' Frau." Wenn dieser Wärter versehentlich den falschen Käfig geöffnet haben sollte, könnte er zum größten Diplomaten des Zoos ernannt werden, und Uhu Bubo wäre der noch größere. Denn er schnappte sich Eichi zur Nacht und aß ihn auf. Am nächsten Morgen erbaten sich Schüler einer Klasse alle herumliegenden Federn Eichis: „Alles Vergängliche vergeht nicht sogleich..."

Eines hat ein freilebender Eichelhäher mir beigebracht und eine meiner Meinungen korrigiert: „Können Vögel schmecken?" Wenn sie harte und trockene Sachen wie Körner, so die Fachleute, zu sich nehmen, gewiss nicht.

Nicht sicher ist man bei weichen Sachen wie Brei, Gemüse, Pudding und dergleichen, ebenso bei Getränken. Ich denke dabei an Elster Maxi, die süßen Wein so lange trank, bis sie regelrecht „beschickert“ war. Dass Vögel Feinschmecker sein können, bewies mir der erwähnte und unbekannte Eichelhäher des Klosterwaldes. Das kam so: Zu einem meiner Geburtstage hatte meine Mutter mir einen tortengroßen Bienenstich gebacken. Sie konnte so gut backen, dass mancher Konditor vor Neid erblasste. Aber ich wurde mit diesem Kuchen allein gelassen, und wie es so ist im wunderlichen Leben: Auch das Feinste zu essen bekommt ein Mensch über: Nach drei Tagen überlegte ich, was ich mit dem Bienenstich, dessen Vanillekreme zu gären begann, anfangen könne. Nichts wie ab mit ihm ins Revier und auf einen einsehbaren Baumstumpen gelegt! Ein hungriges Wildschwein würde ihn niemals verschmähen und wenn dabei ein Foto gelänge… Nun, es war der Eichelhäher, der die halbe Torte in der Sonne glitzern sah und neugierig heran geflogen kam. Wenn krähenartige Vögel, die gern gesellig leben, etwas Interessantes finden, krächzen sie lockend und holen Artgenossen herbei. Dieser schwieg nach erstem Probieren. Im Glas erkannte ich deutlich, wie er in die gelbe Kreme hackte, mit der Zunge schnalzte, die Augen verdrehte und leise vor sich hin gluckste – akustische Signale auch bei menschlichen Gourmets, wenn etwas über alle Maßen wohl schmeckt…

* * * * * *

Es gibt so viele **Enten** con variazioni, dass mancher Ornithologe nicht entscheiden mag, ist diese da, die so friedlich auf der Bank ruht, eine reinrassige oder zeigt sie ihre Fähigkeiten erst im weihnachtlichen Römertopf. Doch Thea, so hieß sie, erkannten wir als weibliche Stockente, die häufigste Entenart bei uns. In freier Landschaft gehören Wildenten zu den scheuesten Vögeln überhaupt, in den Großstädten, und das ausgerechnet in einem Kreisverkehr, erfreuen sie selbst den rabiatesten KFZ-Fahrer, wenn sie ihre entzückenden Kinder über die Straße führen. Die Natur hat sich mit diesen Enten und auch den artverwandten Gänsen einen tollen Streich erlaubt, der mich beinahe zum Erziehungsberechtigten von Sechslingen befördert hätte.

Wir wunderten uns in unserem Kaiserstuhlurlaub mit Ferienhaus, Garten und Teich, dass uns Thea dreimal am Tag besuchte und Frühstück, Mittag- und Abendessen verlangte. Dann watschelte sie zufrieden in eine hintere Ecke des Gartens und ward nicht mehr gesehen – bis ich ihr nachschlich und sie entdeckte, wie sie ein Gelege bebrütete. Aha, dachte ich, dann kann ich bald ein paar Aufnahmen machen, vielleicht auch den Schlüpfvorgang fotografieren, wenn die Küken sich mühsam aus dem Ei pellen. Und so kam es, dass ich für eine Stunde Vater wurde. Man konnte richtig sehen, dass die ersten Küken von innen die Eischale beklopften, bis ein Bruchloch entstand und die fleißigen Tiere mit dem Eizahn von innen nachstießen. Dieser Eizahn ist ein Unikum, er ist den Küken auf dem Schnabel gewachsen und bildet sich wieder zurück. Entenmutter Thea schien sich zu freuen, den Pflichten des wochenlangen Brütens nun enthoben zu sein und kuschelte sich auf meine Füße. Küken Nummer eins hatte sich nun frei gearbeitet, es war noch ganz nass und torkelte über die anderen Eier hinweg. Dann, im linden Wind rasch angetrocknet und das Köpfchen nicht mehr wackelig, tappste es zu mir, ließ ihre Mutter links liegen und legte sich in die

Deckung meines Körpers. Innerhalb der folgenden halben Stunde waren auch die anderen fünf Geschwister ausgeschlüpft, schauten sich suchend um und entdeckten mich eher als ihre unscheinbare, gut getarnte Mutter. Weil ich mich wegen des feuchten Geländes beim Fotografieren nicht platt auf den Bauch gelegt hatte, war zwischen ihm, diesem Bauch und dem Erdboden, ein freier Platz entstanden – im Nu hockten dort die Jungen und Thea schaute ins Leere. Sie musste wohl die Gewissheit haben, oder ihr Instinkt leitete sie richtig, dass die Küken ihr folgen würden, als sie jetzt zum Teich watschelte.

Doch das geschah nicht. Eng eine Wärmeeinheit bildend, lagen die sechs Küken unter mir, glucksten verhalten, piepsten sachte und wechselten eifrig die Positionen. Ganz klar: Sie wollten los! Wir Menschen sagen „Abenteuer suchen“ dazu. Noch nicht ganz ahnte ich, in welche Situation ich da geraten war, als meine Frau auftauchte und launisch fragte:

„Biste Vater geworden?“

Sie nahm die Regie nun in ihre bewährten Hände.

„Mach mal die Probe.“

Ich kroch auf allen Vieren Richtung Teich und die Küken blieben, fein trippelnd, unter mir – das war der Beweis, dass ich Vater geworden war. Meine Frau ließ mich halten, holte aus dem Schuppen einen geflochtenen Weidenkorb her, stülpte ihn auf den Boden, schnappte sich die etwas aufgeregt gewordenen Küken und platzierte sie unter ihn. Ein rascher Griff und sie hatte auch Thea am Wickel und ließ sie den Küken folgen.

Was würde geschehen, wenn wir sie nach einer Weile freiließen? Das von meiner Frau Erwartete natürlich. Sie gebot mir, mich hinter einem Baum zu verstecken und hob den Korb hoch. Sofort ging Thea los zum Wasser und die Kleinen folgten ihr im Gänse-, hier im Entenmarsch. In aller Begeisterung vergaßen wir das Fotografieren!

F

Bei F fällt mir der Name eines einst exotischen Vogels ein, den früher einmal die Römer oder andere antike Leute nach Europa gebracht haben sollen. Oder: Könnte er nicht auch geflogen oder gelaufen sein? Denn er ist heute noch beides, Läufer wie Flieger. Am meisten aber befindet er sich auf dem Erdboden, er jagt weder Insekten beim Flug noch fährt er anderen Vögeln in den Nacken. Weniger bekannt ist, dass er einer der erfolgreichsten Sucher und Vertilger des Kartoffelkäfers und seiner Larven ist. Ich habe einen Hahn beobachtet, wie er systematisch die Reihen der noch jungen Kartoffeln abging und die kleinen roten Larven wegpickte – hätte die Landwirtschaft genug von diesen Vögeln und würden sie nicht bejagt, brauchte man vielleicht keine Spritzmittel mehr zur Bekämpfung des Käfers.

Die Rede ist hier vom **Fasan**. So farbenfroh und in der Morgensonne schillernd der Hahn einhergeht, so gegensätzlich zu ihm ist seine Henne: mehr Tarnung geht einfach nicht! Der Meinung ist natürlich auch Revierförster Erwin Wagner aus Schramberg im Schwarzwald, der mich durchs Revier führt. Er kennt fast alle Gelege, welche die Hennen jetzt im Mai bebrüten, bleibt plötzlich stehen und weist auf den Erdboden. Dort liegt eine Henne eng aufs Nest gedrückt und lässt nicht nur zu, dass wir uns über sie beugen, - ich zum Fotografieren -, er, um sie mit der Hand anzutippen. Sie bleibt liegen, rührt sich nicht und lässt auch mein Blitzlicht über sich ergehen; wie mag ihr Herzchen gebibbert haben!

Welch ein Reaktions- und Sehvermögen Vögel haben, konnte ich 1946 im Zuge meiner landwirtschaftlichen Tätigkeit feststellen. Damals, „als die deutschen Jäger und Förster keine Gewehre mehr führen durften“, nahm man es mit der kleinen Wilderei nicht so genau, denn viele Menschen hungerten und hätten für ein Huhn, so nannte man gerupfte und ausgenommene Fasane, ihre teure Briefmarkensammlung hergegeben. Ich hätte gerne für meine städtische Verwandtschaft ein paar Fasane erlegt und ihnen überlassen. Darum hatte ich, wo ich auch ging und stand, einige flache Steine in der Hosentasche. Habe ich schon erwähnt, dass ich damals, so von 1945 bis 1948, als der beste Steinewerfer rundum anerkannt war? Nein? Aber es war so. Auf der einspännigen und zweirädrigen Sturzkarre stehend und mit links die Leine führend fuhr ich auf einen Wiesenschlag, um Gras zu mähen und den Tieren im Stall zu bringen. Ein Fasanenhahn, der arbeitende Landwirte nicht ernst nahm, stand seitab zehn Meter entfernt. Während der Fahrt kramte ich einen Stein aus der Hosentasche und schleuderte ihn auf den Hahn. Alles ging in Sekundenbruchteilen und ich sah, wie früher die Geschützmeister, dass es einen Volltreffer geben würde. Doch der Fasan blieb stehen, zog kurz vorm Einschlag den Kopf ein und wurde so nicht geköpft – ich war sehr beeindruckt, muss ich sagen.

Vielleicht war er‘s eine Woche später, dass er dem Schicksal nicht entging und er am nächsten Tag in Siegen in den Suppentopf geriet. Ich ging mit Hof-, Wach-, Jagd- und Schmusehund Nelly, den die Leser meiner vorigen Bücher schon kennengelernt haben, an einem Roggenschlag entlang, als ein Fasanenhahn keckernd aufflog und niedrig fliegend das Weite suchte. Er konnte von Nellys Spurtstärke nicht wissen, der ihn einholte, unterlief und von unten in die Brust biss. Oh das Geschrei – oh die Federwolke, die nun aufstob! Er war schon halb gerupft, als ich ihn in der Küche ablieferte. Übrigens: Man kochte damals alles, was haltbar sein sollte, in Gläser ein – ich schwärme noch heute vom Geschmack eingekochten Geflügels!

Der nächste Hahn kam mit dem Leben davon, weil ich inzwischen fotografierte, sogar vollautomatisch. Wenn Wild nicht gestört wird, und das gilt auch für Flugwild, fördert es unbewusst seine Angewohnheiten. So hatte ich heraus bekommen und auch an Spuren erkannt, dass allerlei Fußgänger einen Weg benutzten, der sie auf einer Art von Wallhecke von einem Revierteil zum anderen führte: Es gingen dort hin und her Fasane, Hasen, Marder, Dachse, Füchse, Rehwild und wilde Schweine. Die Jägerschaft wusste das auch und hatte sich einen probaten wetterfesten Hochsitz gebaut, auf dem man es einen Tag lang aushalten und alles beobachten konnte.

Ein idealer „Wechsel", wie Jäger solche Wege nennen. Auch Fotografen lieben sie, weil das Installieren automatischer Kameras nur dort lohnt, „wo Verkehr" stattfindet. Ich habe in meinem ersten Buch der Reihe „80 Jahre mit Tieren auf Du" meine Trittbrett-Methode vorgestellt, bei welcher der Fotokandidat mit den Füßen auslöst. In der modernen Fassung dieser Auslösung kreuzt das Tier einen Infrarot-Strahl, und diese Unterbrechung löst die Kamera aus. Sonntagmorgen in erster Dämmerung. Eine Stunde saß ich jetzt auf besagtem Hochsitz und hatte die Anlage zweimal aufblitzen gesehen, aber nicht erkannt, wen sie fotografierte. Nun wurde Sicht, die Vogelwelt begann ihre

Tagesgesänge, Rehböcke schimpften, Füchse bellten und ein Dachs, unterwegs zu seinem Tagesschlaf, schlurfte durch den Infrarot-Strahl der Kamera und wurde prompt fotografiert. Die aufgehende Sonne beleuchtete eine Szenerie des Friedens – der nicht bestand! Ein noch nicht sichtbarer Fasan meldete laut keckernd und krähend seinen Hennen, dass er auch heute für sie zur Verfügung stände und hier sein Revier sei. Und da stolzierte er heran! Blieb er auf Kurs, müsste er unweigerlich in meine Falle laufen. Hinterm Sehschlitz im Hochsitz bewegte ich mich nicht mehr, denn er würde jede Bewegung meiner Brille im Sonnenglanz wahrnehmen.

Zehn seiner kleinen Schritte und er hielt vor der Kamera an. Außer der Frontseite des Objektivs und dem Austritt des Blitzgeräts wird er nichts Verdächtiges sehen können. Dann pickte er Käfer und Ameisen auf und schritt ohne anzuhalten weiter. Noch einen Meter, einen halben, einen Schritt nur. Da geschah folgendes: Der Blitz leuchtete auf und erfasste den Hahn ordnungsgemäß. Er schnellte vor Schreck einen halben Meter in die Höhe, stieß dabei einen Schrei aus, als wenn ihm wie im Hühnerhof der Kopf abgeschnitten werden sollte und flog davon, immerzu Schreie des Schreckens und auch wohl der Empörung ausstoßend. Ich weiß aus Erfahrung, dass Fasane nie lange in der Luft bleiben, denn sie fliegen nicht schnell und haben Greife zu fürchten. Wenn man sie starten sieht, wird man auch ihre Landung sehen. Dieser hier aber muss sich abgrundtief entsetzt haben, denn er hörte nicht auf, gackernd und krächzend zu fliegen, immer nur zu fliegen. Und wenn ich in der Erinnerung darüber nachdenke, wie weit ich in dieser flachen Landschaft mit Wiesen, Weiden und Äckern sehen konnte, dann komme ich auf zwei bis drei Kilometer – er flog, bis ich ihn nicht mehr erkennen konnte!

Sein Gegenpart war Fasan „Hansi“, der es liebte, durch unsere Siedlung zu stolzieren, besonders durch die Gärten, wenn Partys und Familienfeste gefeiert worden waren. Nicht, dass er ein Bettler geworden war, er hielt Abstand und verdrückte sich, wenn er Hunde mitfeiern sah, aber ein Schnorrer war er doch. Seine Henne habe ich nie gesehen, und doch hatte sie ein Gelege in den Brennnesseln am Komposthaufen und bebrütete zehn Eier. Sie musste über eine Freifläche gehen, wenn sie aus dem Brombeergebüsch in die Brennnesseln wollte, und tat es nicht, wenn sie mich sah. Da genügte für mich eine aufgespannte Wolldecke, hinter der ich mich versteckte – und siehe da, es galt der alte Spruch: „Kein Feind zu sehen – kein Feind vorhanden!“ Ich hatte mir ihr Bodennest betrachtet und festgestellt, dass man durch zwei Pflanzenstängel hindurch eine Aufnahme machen konnte. So robbte ich mich wie ein Landser der ersten Ausbildungsstunde heran, die Kamera in ein grünes Tuch mit Pflanzenteilen daran vor mir: Das genügte für drei hübsche Aufnahmen und ich war‘s zufrieden.

Ihr Mann, der stolze Hahn, war zur Vaterschaft nicht geeignet und lockte durch sein Morgen-, Mittag- und Abendgeschrei alle Hennen der Umgebung herbei, die ihre erste Brut verloren oder schon durch hatten. Abends nach Sonnenuntergang trieb Hansi sich bevorzugt in unserem Garten herum, um gegen völlige Dunkelheit auf unserer großen Birke für die Nacht aufzubaumen – das ist ein Jägerausdruck für „auf den Baum fliegen“. Dort sind Fasane vor nächtlichen Räubern sicher, die nicht klettern können. Merkwürdigerweise geschieht dieses Aufbaumen nicht still und klammheimlich, sondern unter lautem Geschrei. Sie dort oben im Gezweig in sechs bis zehn Metern Höhe zu fotografieren, als es einen funktionierenden und bis zwanzig Meter reichenden „Teleblitz gab“. Auf dreißig Zentimeter musste ich heran, um eines der nur Minuten alten Küken zu fotografieren. Sie sind ganz niedliche Burschen und, kaum trocken hinterm Schnabel, folgen sie ihrer Mutter in die Gefahren des Daseins.

Ich bin noch nicht fertig „mit meinen Fasanen“ und muss einmal über verpasste Gelegenheiten berichten. Obwohl ich, wenn ich durchs Revier fahre, - das übrigens meinem Hausarzt gehörte -, eine Kamera schussbereit auf dem Nebensitz liegen habe, war ich oft nicht schnell genug, zu reagieren. Zum Beispiel, als im frühen Sonnenlicht eine Fasanenhenne mit zehn flüggen Küken auf einem hölzernen Wiesenheck saß und sie alle sich die nassen Füße und Federn trockneten. Ich hielt nicht an, sondern fuhr vorüber, wendete und kam dann langsam angebummelt, die Kamera schon im Fenster haltend, zurück – doch die ganze Bagage war schon entschwunden. Fasane sind eben echte Wildtiere und immer auf ihre Sicherheit bedacht.

* * * * * *

Der nächste F-Vogel gilt bei allen Ornithologen, Naturfreunden und Fotografen als „Eins-A-Vogel“: der **Fischadler**. Ganze Gruppen von Vogelfotografen stellen ihm an der Ostseeküste, an den Seen dort und in Florida nach. Er soll ein exzellenter Fischfänger sein, ich kann über ihn aber nur berichten, was mich sehr enttäuschte und mich überzeugte, dass jedes Handwerk erlernt werden muss. Ich saß wie so oft gemütlich auf einem Hochsitz und wartete auf den herbstlichen Vogelzug, als ich einen Fischadler beim Fischfang beobachten konnte. Es wollte und wollte nicht klappen, dass er einen in seine Krallen bekam und erst beim zwölften Mal -, ich führte eine Strichliste, - gelang ihm der Griff eines Karpfens. Der war freilich zu groß und damit zu schwer und strampelte sich los.

Unseren letzten F-Vogel habe ich zu Abertausenden gesehen: den **Flamingo**. Zwar kann man ihn in Deutschland im Zwillbrocker Venn auch beobachten, aber er passt da nicht hin und die Gelegenheit zu guten Fotos gibt es nicht. In Ostafrikas flachen Seen, ja, da stehen sie und fischen sich ihre Nahrung aus dem salzigen Wasser. Aber wer als Kurzbesucher hofft, sie in einer rosa Wolke beim Auffliegen fotografieren zu können, wird meistens enttäuscht. Nur wenn das Fernsehen kommt, kriegt man sie mit einem Schuss in die Luft – überwältigend ist es, wie die Natur sich zeigen kann. In Namibia, (siehe Foto), sind sie abends im letzten Sonnenlicht stimmungsvoll zu beobachten. Aber als ich versuchte, sie gegen den schon dämmerigen Himmel mit dem Fernblitz anzuleuchten, umflogen sie mich alle rechts und links. Die schönsten Flamingos stehen heutzutage in den Zoos.

G

Mein erster G-Vogel soll die hübsche und lebhafte **Gartengrasmücke** sein. Ein Paar brütete bei uns um Garten, dicht beim Haus, wo Brennnesseln, Margeriten und Liguster blühten und ihnen Deckung für ein Nest gaben. Mir passte es gut, nicht nach draußen in die freie Natur fahren zu müssen, sondern hier in Rufweite zum Mittagessen Fotos machen zu können. Im ersten Jahr konnte ich mit diesen Vögeln ein lang ersehntes Experiment veranstalten. Kurz vorher hatte mich ein Präparator angerufen, den unsere Familie aus der Vorkriegszeit kannte und der mir mitteilte, soeben einen toten Kuckuck ins Haus bekommen zu haben. Er fragte, ob ich noch Interesse an ihm habe und ob er ihn für mich herrichten sollte. Solche Tiere seien selten zu kriegen, sagte er, noch nie habe er einen gehabt und ich könnte ihn nach Gebrauch an ihn zurück verkaufen.

Das war die Chance für meine Idee. Was hatte ich vor? Echte Ornithologen mögen jetzt Augen verdrehen und Ohren verschließen: Ich wollte herausbekommen und natürlich begleitend fotografieren, was die Gartengrasmücken, welche bevorzugt Vater- und Mutterstelle für ein Kuckuckskind sein müssen, anfangen, wenn sie diesen direkt neben ihrem Nest sehen. Alle kleinen Singvögel „hassen“ auf den Kuckuck, ein Begriff, den ich unter U beim Uhu erklären werde. Und so kam der tote Kuckuck zum Einsatz. Ich drückte einen Stock einen Meter neben dem Nest in die Erde und befestigte an ihm den Kuckuck, der seine toten Augen genau auf die Eier richtete. Ich hatte die wenigen Minuten, welche das Weibchen sich auch einmal „erholen“ musste und den eifrigen Gesang ihres Männchens genutzt, sowohl den Kuckuck wie geschildert aufzustellen, wie auch die Kamera zu montieren, die nun mit Blitzlicht auf den Kuckuck gerichtet war. Kaum trat ich zurück, den elektrischen Auslöser in der Hand, als das Männchen abrupt aufhörte zu singen. Wahrscheinlich, kann man wohl vermenschlichend sagen, traute es seinen Augen nicht. Es stürzte sich todesmutig auf den vermeintlichen Feind, dass dieser sogleich ein paar Federn lassen musste. Das war eine richtige Attacke. Das Weibchen kam herbei und wagte allerdings nur Scheinangriffe. Durch das Geschrei und Gezeter geriet der ganze Garten in Aufruhr und Rotkehlchen, Fliegenschnäpper, Sumpfrohrsänger, Bachstelzen, Amseln und Spatzen kamen herbei.

Um mich und meine Kamera kümmerte sich niemand, als ich einmal den Film wechseln musste. Und ebenso plötzlich, wie der Aufruhr entstanden war, verlöschte er: Das Männchen, das sich auf den Kopf des Kuckucks gesetzt hatte, erkannte wohl als erstes, dass ein Kuckuck, der sich nicht wehrt und nicht davonfliegt, kein echter sein kann. Wenn gleich aussehende Vögel im nächsten Jahr an gleicher Stelle wieder auftauchen und auch ein Nest errichten, ist der Laie überzeugt, „das sind die vom vorigen Jahr!“ - doch meistens sind es deren Kinder. Ich war mir nicht sicher, als ich das Pärchen gleicher Art am fast gleichen Platz ein Nest errichten sah. Die Logik sagt zwingend, dass ein günstiger Platz immer wiedererkannt und benutzt wird und, wenn er sich nicht zu Ungunsten verändert, von vielen Generationen weiterbenutzt wird. Ein Jäger drückte es auf seine Sicht bezogen so aus: „Ein gutes Fuchsrevier kann nicht leer geschossen werden, weil immer wieder neue Füchse nachrücken werden.“

Nun, auf jeden Fall glaubte ich meine beiden hübschen Gartengrasmücken wiederzuerkennen. Ich half ihnen dabei, die vier Kinder groß zu bekommen. Als die Eier zehn Tage lang vom Weibchen äußerst fleißig bebrütet worden waren, lag eines Morgens ein fünftes daneben. Meine Frau, die jeden Tag dreimal kontrollierte, meldete dies verwundert. Verwundert? Ja – es kommt nicht vor, dass zu einem zehntägigen Gelege noch ein Ei dazugelegt wird, es sei denn…? Wir schauten uns an und dachten simultan.

„Gestern Morgen“, berichtete meine Frau, „als ich noch im Bett lag, veranstaltete unsere Vogelwelt wieder das bekannte Theater; ein Fremder, ungern Gesehener muss sie erregt haben. Es heißt doch, dass ein Kuckuckspaar raffiniert vorgehe, wenn das Weibchen ein Ei ins fremde Nest praktizieren möchte: Er zeigt sich dann ganz offen, damit alle Elternvögel hinter ihm her sind und das Weibchen ungesehen ein Ei legen kann. Das soll ganz schnell gehen und hinterher, wenn es vollbracht ist, soll sie das Kuckucksgelächter ausstoßen. Dann verschwinden die beiden Betrüger, um in anderen Nestern neue Betrügereien zu veranstalten.“

„Ja“, sagte ich anerkennend, „jeder folgt der Evolution auf seine Weise.“

Im Geheimen freute ich mich, dass im eigenen Garten ein Jungkuckuck aufgezogen würde und die Kameras Arbeit bekommen würden.

Dann lief alles ganz normal. Die Evolution hat dafür gesorgt, dass ein Kuckucksei kürzer zu bebrüten und das Junge schneller im Wachstum ist. Außerdem hat das Junge, kaum geboren und noch blind, den unwiderstehlichen Drang, alle „Fremdkörper“ aus dem Nest zu entfernen – dazu gehören auch Eier und Küken. Es geht sie rückwärts an, bugsiert sich so ein Junges auf den Rücken und wirft es über den Nestrand nach unten; wo es verloren ist. All diese grausamen Tricks sind längst bekannt und erwiesen.

Dies fand ein Jahr nach meinem Kuckucksversuch statt. Die Gartengrasmücken ließen sich täuschen, ihnen genügt es, wenn sich in ihrem Nest ein Schnabel aufsperrt und Futter verlangt. Doch mit meinem Plan, das Leben und Werden eines jungen Kuckucks fotografisch zu dokumentieren, wurde es nichts: Eines Nachts war ein unbekannter Fressfeind dagewesen und hatte sich den jungen Kuckuck geholt.

* * * * * *

Spezialisierte Höhlenbrüter wie der **Gartenrotschwanz** brauchen einen Schnorrer wie den Kuckuck nicht zu fürchten. In alten Häusern, Schuppen, Ställen und Bäumen fanden sie früher genug überdachte Behausungen, um zu nisten. Diese sind später und heute knapp geworden, aber man kann nachhelfen. Das tat ich einen Winter lang in unserem Keller, indem ich aus alten Schränken neue Vogelhäuschen bastelte. Mit verschieden starken Einfluglöchern für verschiedene Arten. Gemeinsam hatten sie alle eine Seitentür: Um das Leben innen zu kontrollieren und fotografieren zu können. Katzen, die rundum viel gehalten wurden, kletterten gern die Bäume hoch und inspizierten die Nistkästen, beschimpft von empörten Altvögeln, doch nie habe ich gesehen, dass sie von ihren gewandten Pfoten Gebrauch machten und in die Kästen langten. Wenn man für die Nistkästen Weichholz wie Fichte und Kiefer und kein Hartholz wie Eiche und Buche nimmt, können Spechte mit ihren harten Schnäbeln das Loch vergrößern oder seitlich ein neues hacken. Sie haben es nicht auf Eier und Junge abgesehen, sondern wissen aus Erfahrung, dass sich vor allem zum Winter hin Insekten, Käfer und Motten dort einquartieren – niemand hat es leicht im Winter.

Noch einen der G-Vögel muss ich hier würdigen, der uns im Winter an der Fütterung auf dem Balkon mehr Freude und Unterhaltung geboten hat als das Fernsehen – und zwar kostenlos: der **Grünfink**. Er ist schon ein ziemlich kräftiger Bursche und weil es in der Natur immer um Größe geht, nutzt er sie schamlos an kleineren Vögeln wie Meisen aus. Wenn dann gar zwei bis vier von diesen auch Grünling genannten Vögeln anwesend sind, wird mehr gestritten, gedroht und gekrächzt als gefuttert. Kleine Futterhäuschen haben dann die Grünfinken für sich allein, größere können sie nicht genug verteidigen, dass für die kleinen nicht einiges abfällt. Von allen brütenden Vögeln, denen ich mich je genähert habe, hat nur das Grünfinkweibchen es gewagt, mich anzufauchen. Dafür bot ich ihr eine schwarze Kakerlake an, die sie artig nahm. Das machte ich dann jeden Tag einmal mit irgendeiner Leckerei: einem Drahtwurm aus dem Kartoffelbeet, mit den seltenen Larven des Kartoffelkäfers, mit Kornkäfern, Mehlwürmern und Heuhüpfern. Als Belohnung durfte ich sie fotografieren von vorn bis hinten und vor allem auch außerhalb des engen Nestbereichs, was sonst viel Mühe und Tricks bedeutet hätte. Die Jungen blieben solange im Nest, bis sie fliegen konnten, hatten auch mich als netten Menschen kennengelernt und benahmen sich als brave Statisten eines netten Regisseurs. Ich fand es immer schade, dass solche Idylle des Lebens von selbst endete.

Wie sehr man in Gegenden, wo Bodenbrüter zu vermuten sind, aufpassen muss, wohin man tritt, erfuhr ich wieder einmal bei einem Streifgang im Revier. Schon wollte mein rechter Fuß sich senken, als mich ein Schutzengel verhoffen ließ. (Verhoffen ist ein Jägerausdruck und bedeutet, dass ein Stück Wild, genau wie ich jetzt, stehenbleibt: Weil es Verdacht geschöpft hat, misstrauisch oder unschlüssig geworden ist und eine abwartende Stellung eingenommen hat; dabei oft einen Vorderlauf hochhaltend – begriffen?) Ich trat also nicht zu und ging einen Schritt zurück. Das rettete vermutlich einer fünfköpfigen Kinderschar der **Goldammer** das Leben.

Unser größter G-Vogel ist die **Graugans**. Sie gab es früher in der Zugzeit von Herbst und Frühjahr in solchen Massen, dass die fliegenden Scharen den Himmel verdunkelten und die Stoppelfelder und Wiesen wie ein Teppich verdeckten. Für Leser, welche noch die alten Begriffe des Fotografierens wie „Belichtungszeit“ und „Blende“ kennen, merke ich kurz an, wie meine Kamera, als ich sie auf einen fliegenden Schwarm von tausend und mehr Gänsen richtete und sie bei gutem Sonnenwetter die lange Verschlusszeit von 1/30 Sekunde anzeigte; mit der man sich bewegende Objekte nicht fotografieren sollte. Die Erklärung: Der blaue und für die Kamera helle Himmel wurde von den eng fliegenden Vögeln in eine schwarze Mauer verwandelt.

Am Dümmer See hatte ich ein rührendes Erlebnis mit einer Graugans. Ich hatte mich an einer Stelle des Deichs so aufgestellt, dass ich die von Osten kommenden fliegenden Gänse mit gutem Licht fotografieren konnte und hatte schon zwei Gruppen fotografiert, als sich aus einer dritten von zwanzig Vögeln eine Gans separierte, also ausscherte, wie ein Flugzeug eine Runde drehte, zur Landung ansetzte, landete und mit allen Anzeichen des Wiedererkennens auf mich zugewatschelt kam. „Hallo“, rief ich höflich und warf ihr ein Stück Brötchen zu, „da bist du ja endlich!“ Zwar konnte ich mich an irgendein freundschaftliches Verhältnis mit einer wilden Gans nicht erinnern, aber man kann ja auch einmal neckisch sein. Dass sie mit ihrem Herkommen mich gemeint hat, entpuppte sich als zweifelsfrei, denn immer, wenn auf dem Deich Radfahrer vorbeifuhren oder Wanderer kamen, wich sie ins Seitengebüsch aus und kam dann zurück. Ich ging zur nahen Sitzbank und packte mein Mittagessen aus: Kartoffelsalat und Würstchen. Beides teilte ich gerecht unter mir und Berta, wie ich sie nannte, und machte dann die von mir angestrebten Aufnahmen aus der Gans- oder Froschperspektive inklusive ein paar Portraits des netten und intelligenten Gesichts. Fußgänger blieben stehen und ergötzten sich an der Szenerie. Dann kam ein Schwarm Gänse von Westen her und Berta schloss sich ihnen kurzentschlossen an...

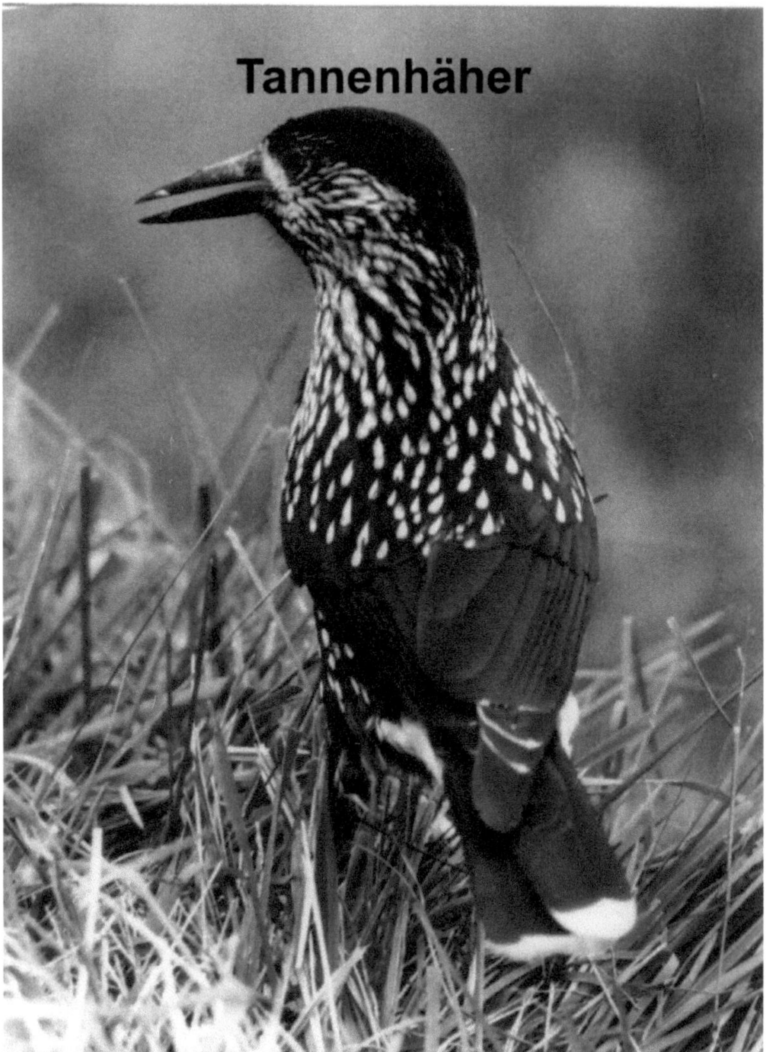
Tannenhäher

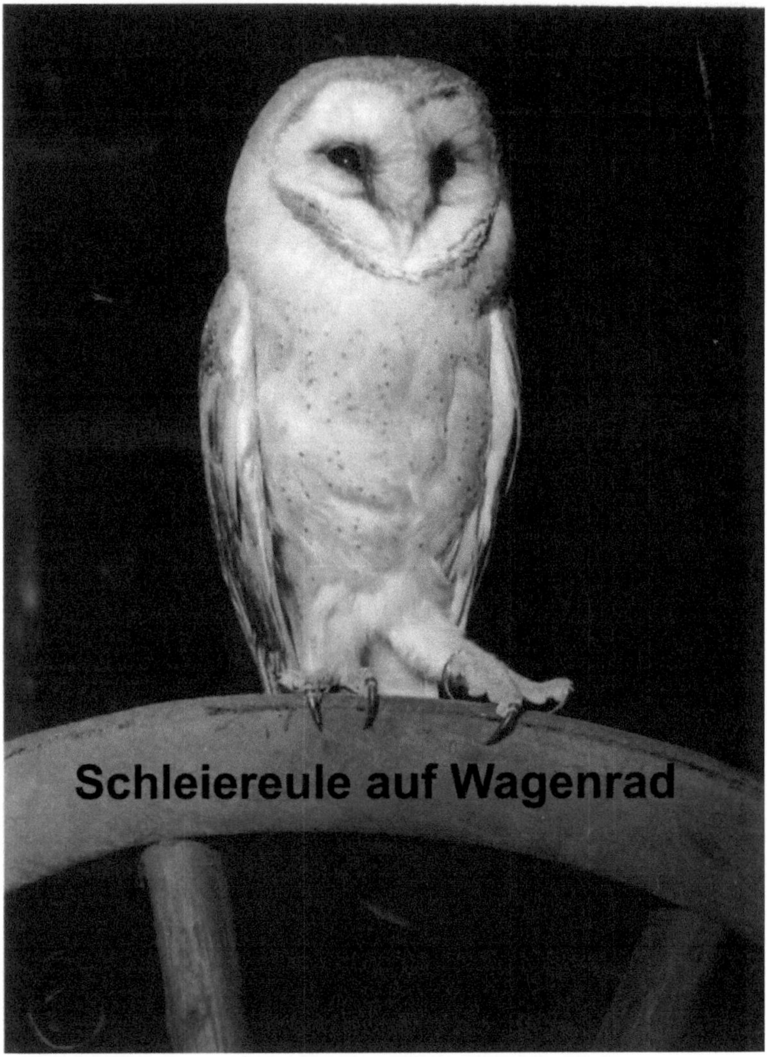

Schleiereule auf Wagenrad

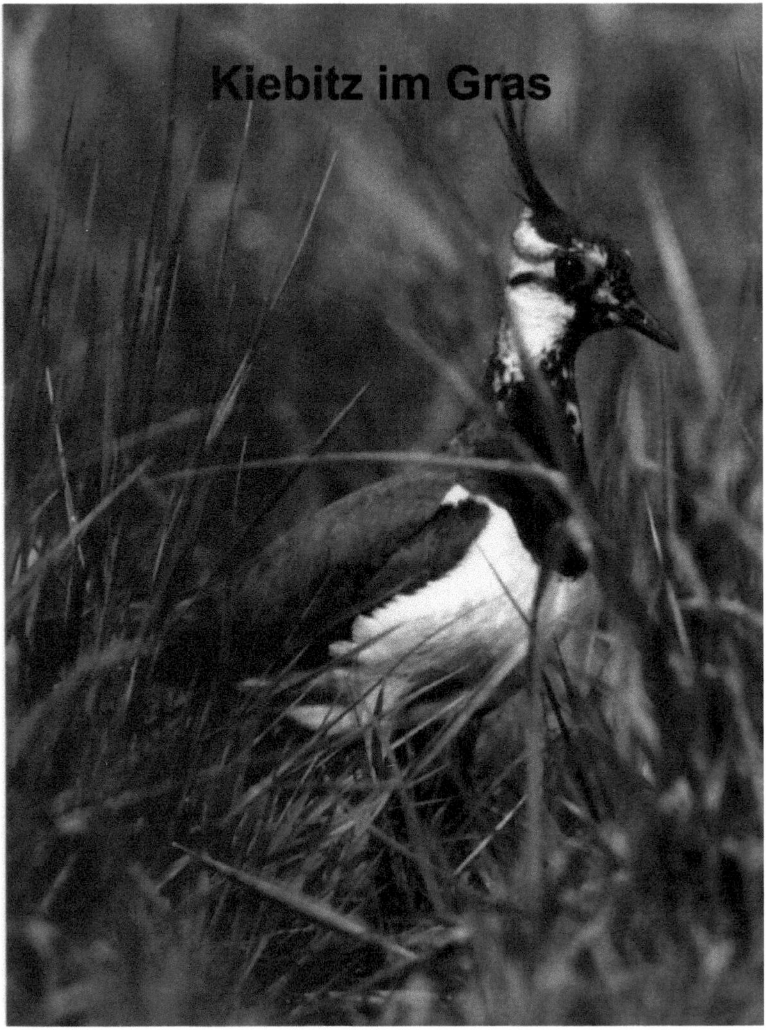
Kiebitz im Gras

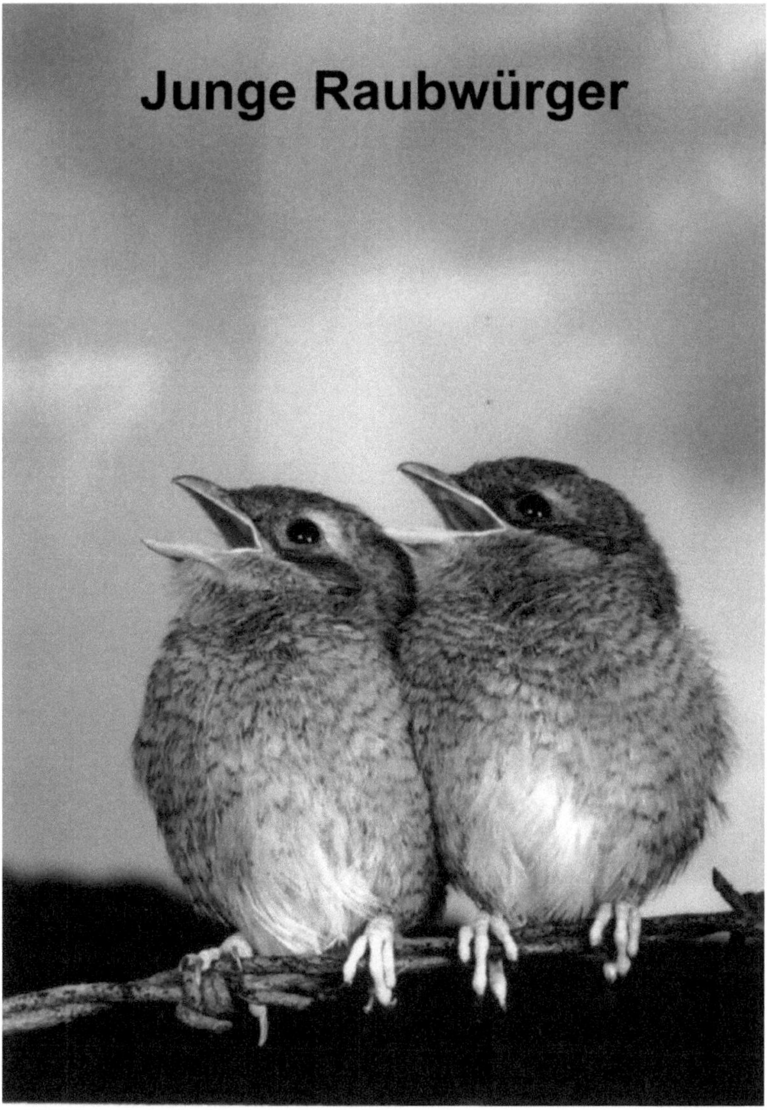
Junge Raubwürger

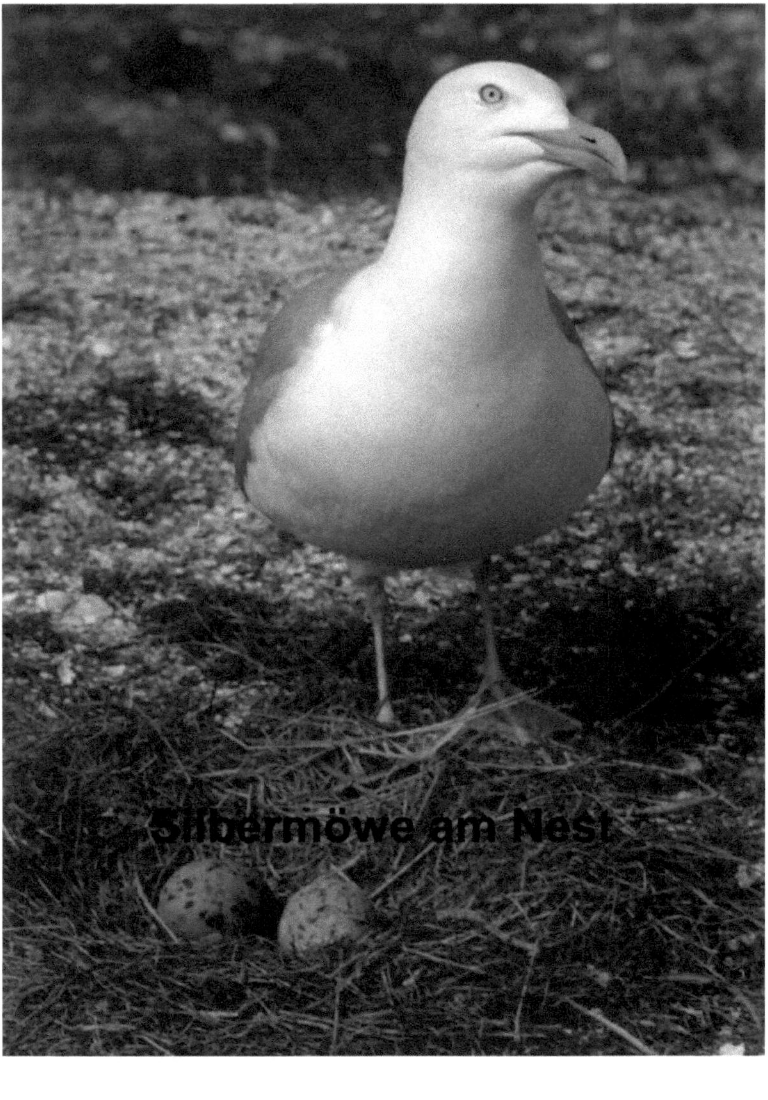

Silbermöwe am Nest

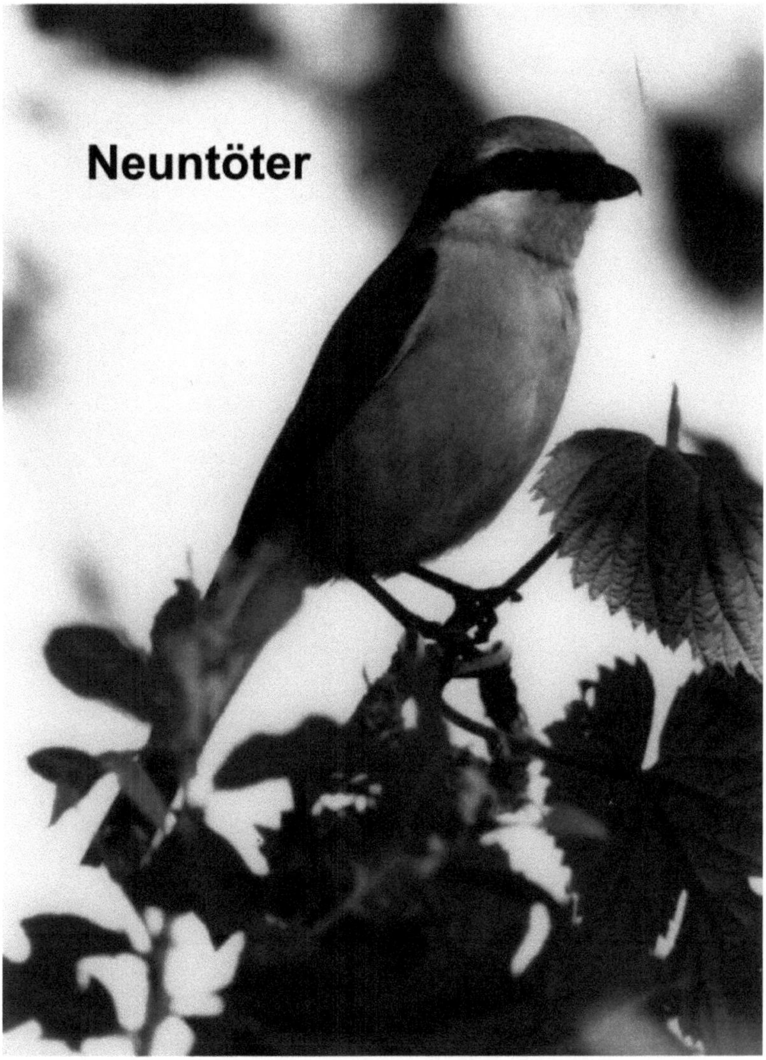
Neuntöter

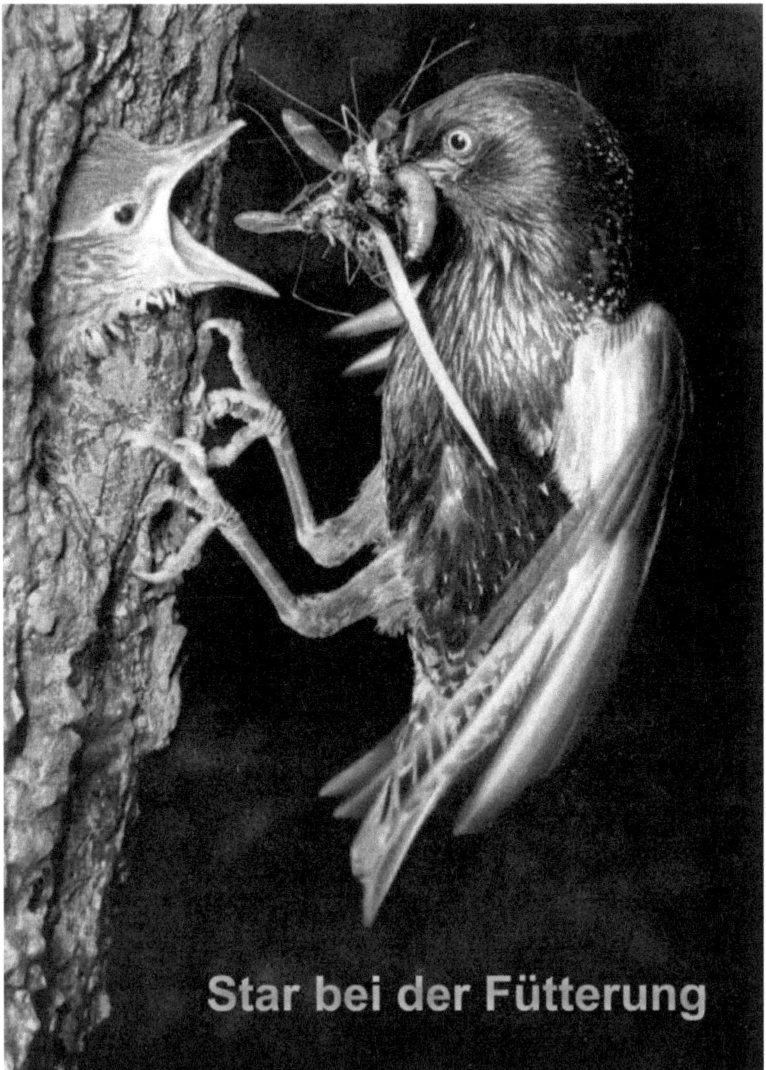
Star bei der Fütterung

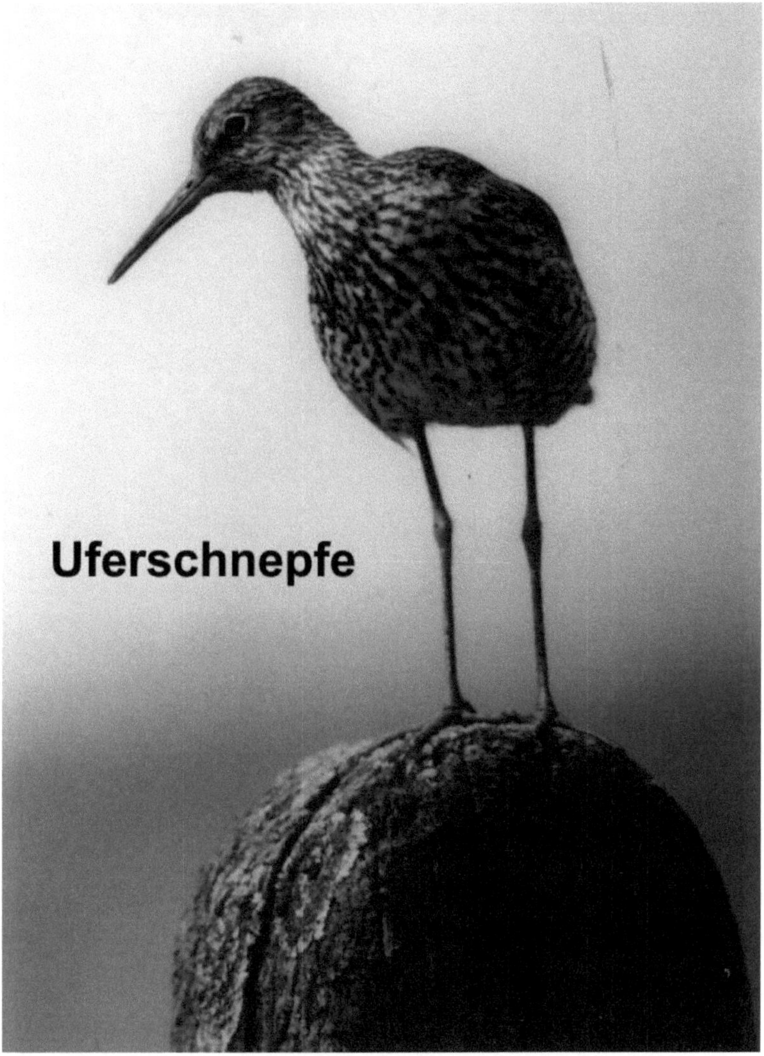
Uferschnepfe

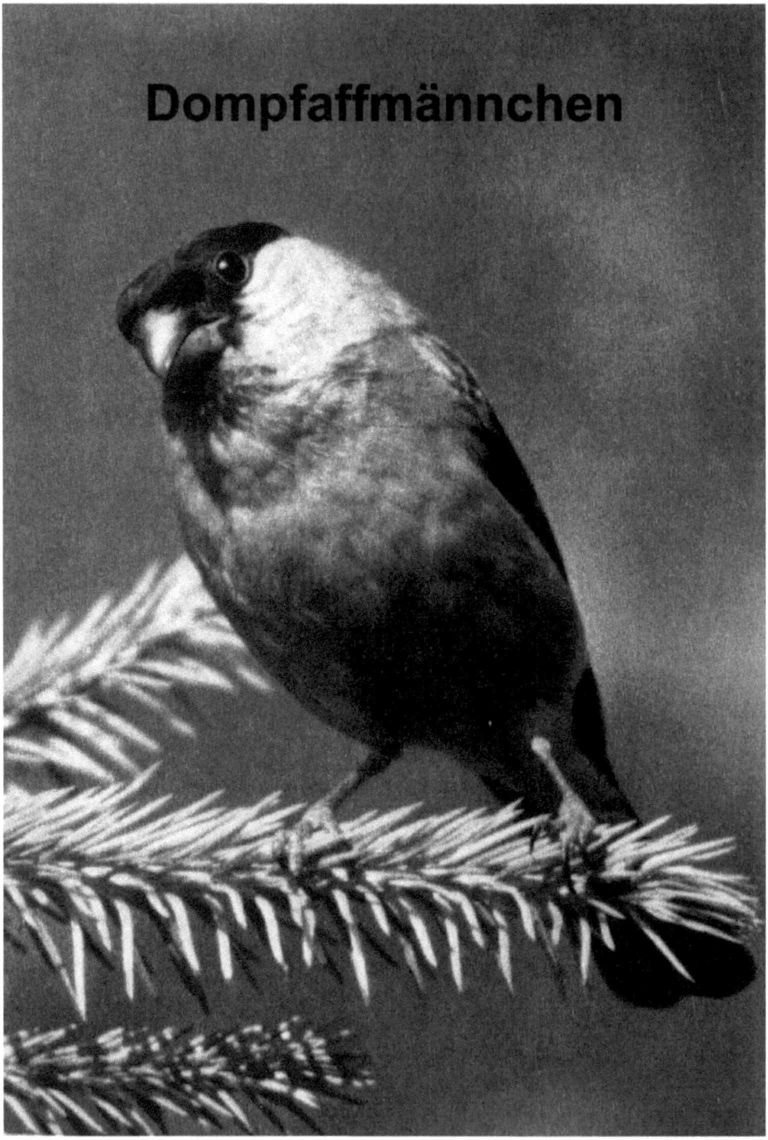
Dompfaffmännchen

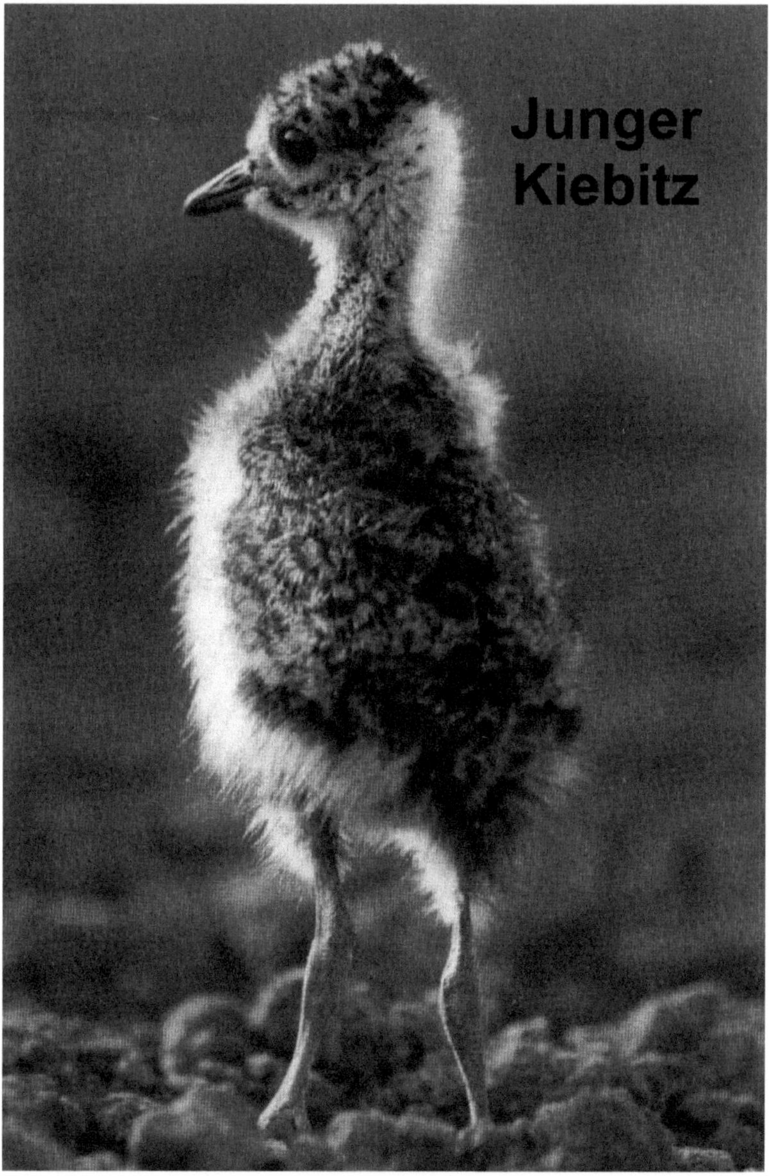
Junger
Kiebitz

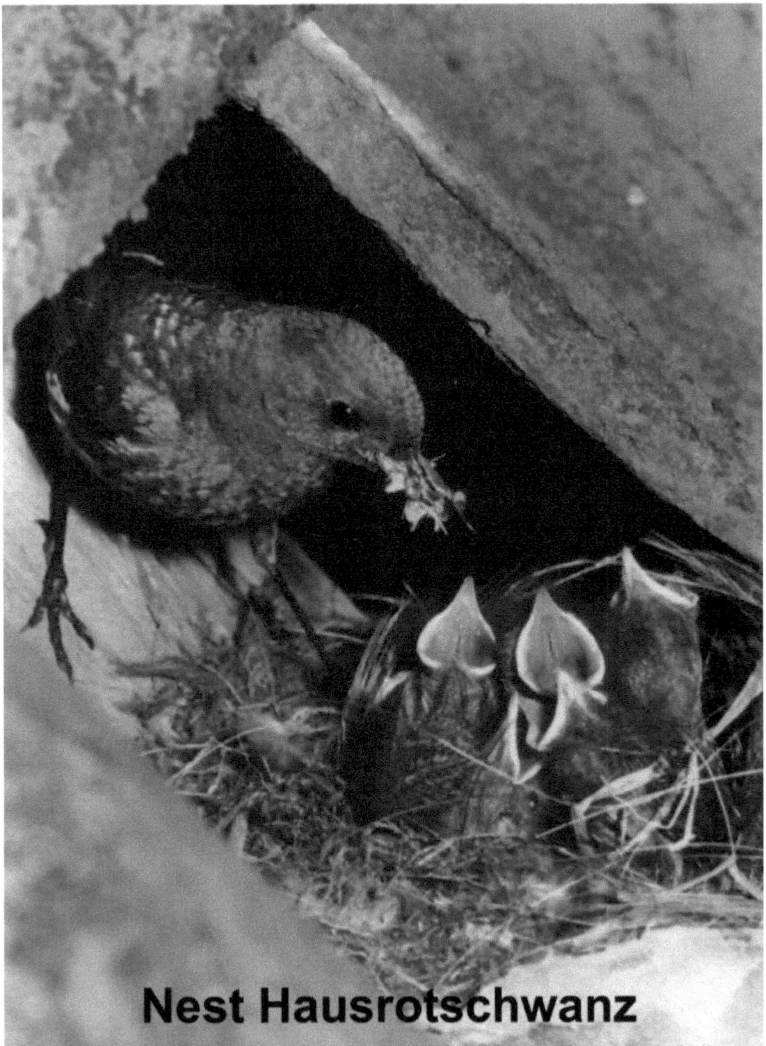

Nest Hausrotschwanz

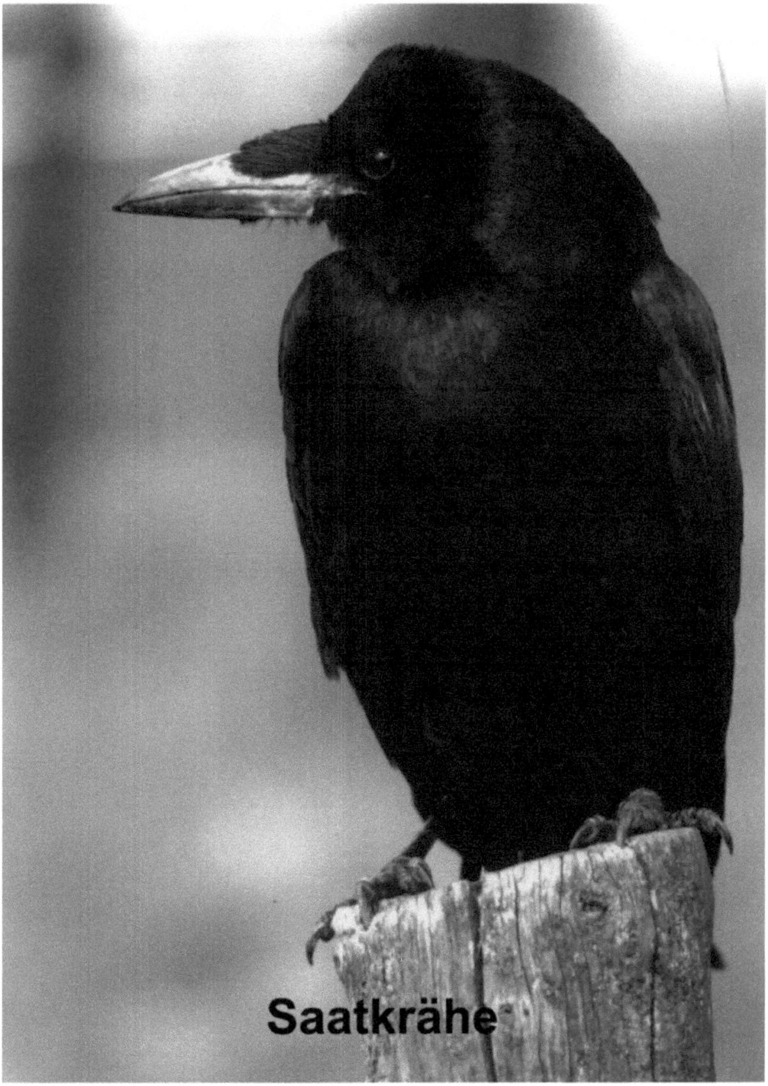
Saatkrähe

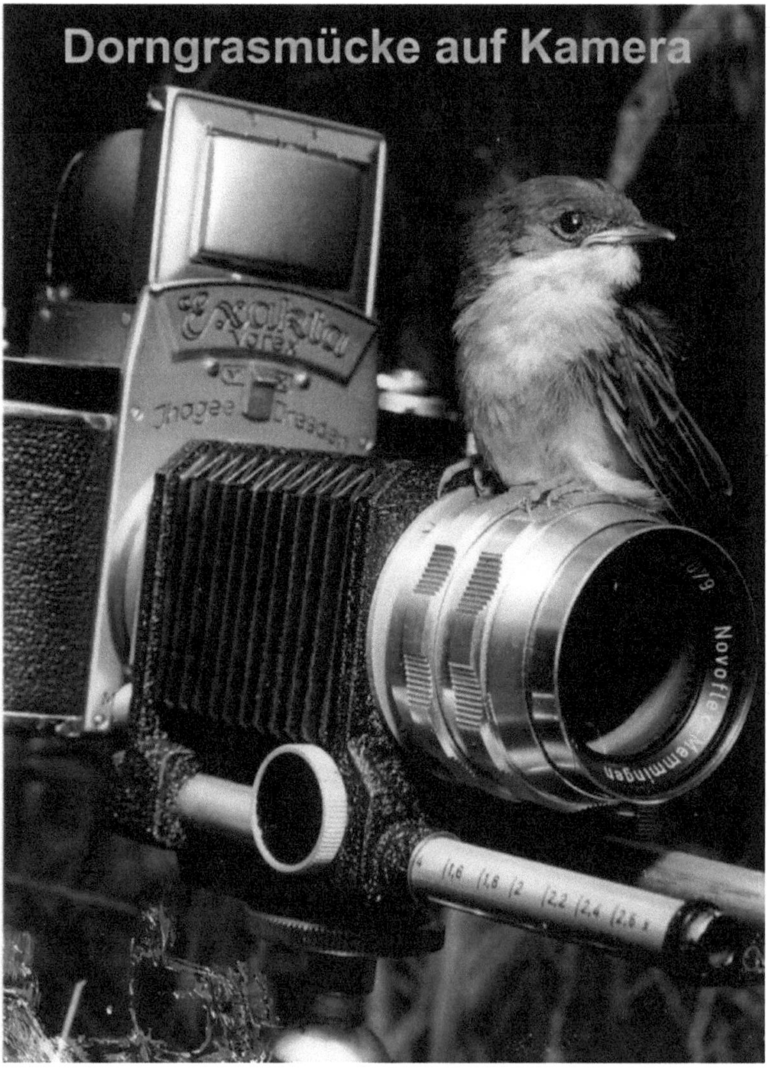
Dorngrasmücke auf Kamera
Novoflex Memmingen

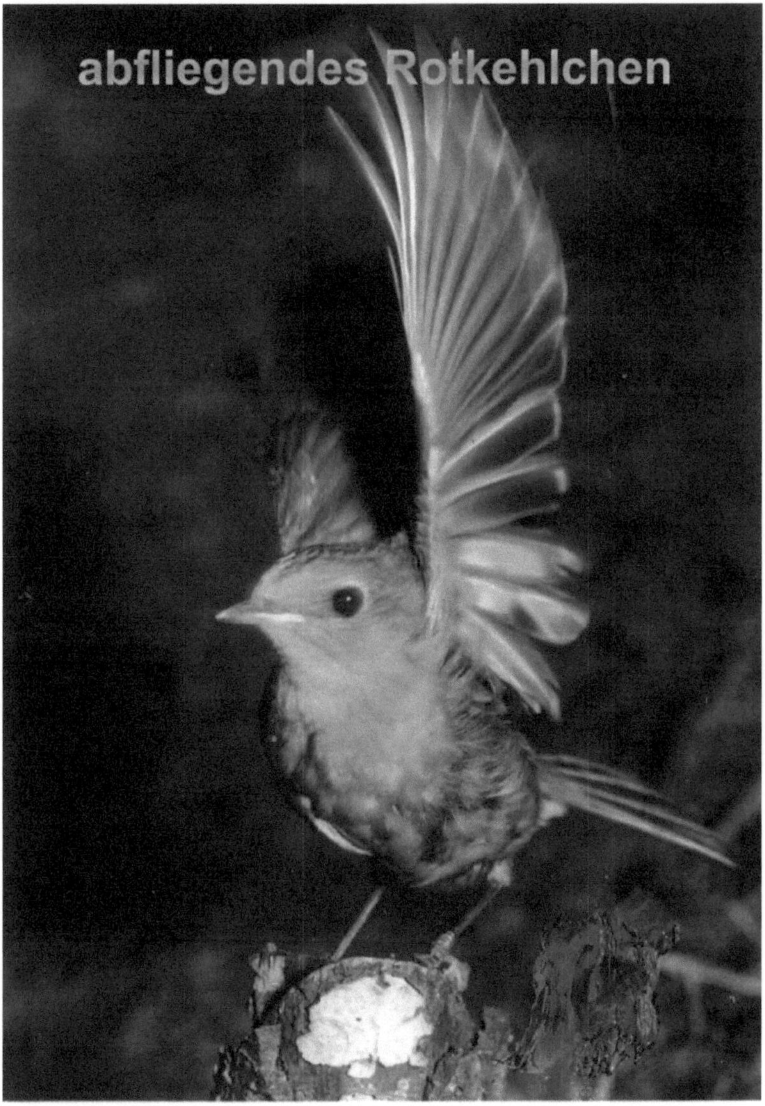
abfliegendes Rotkehlchen

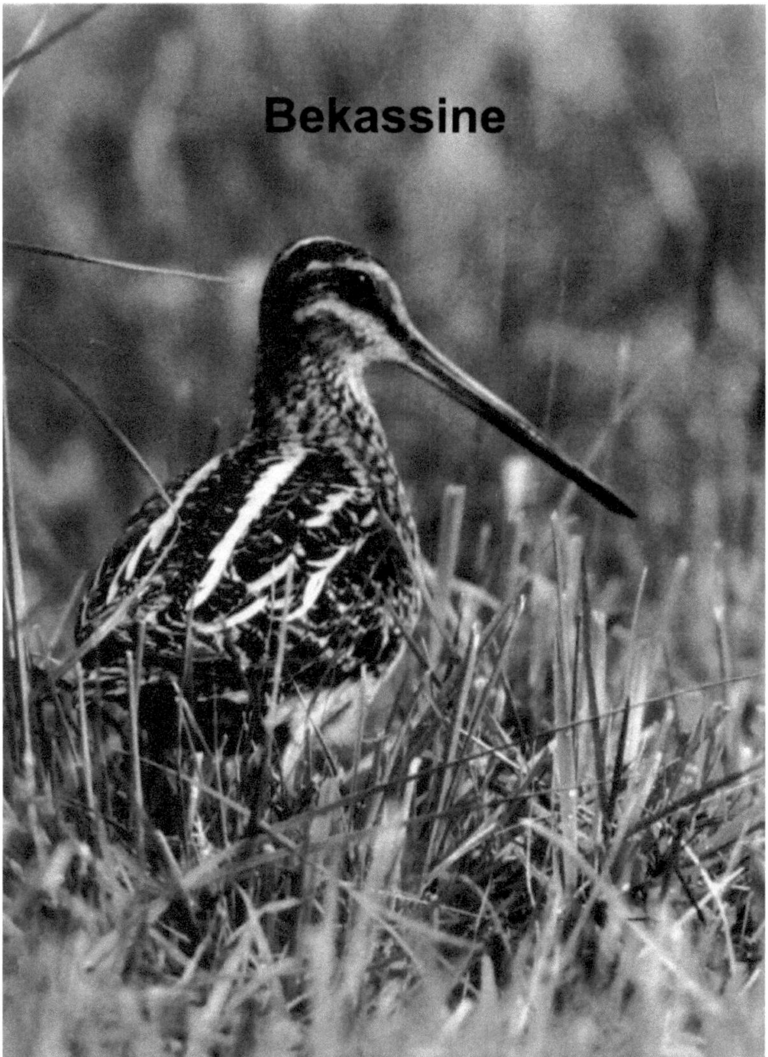
Bekassine

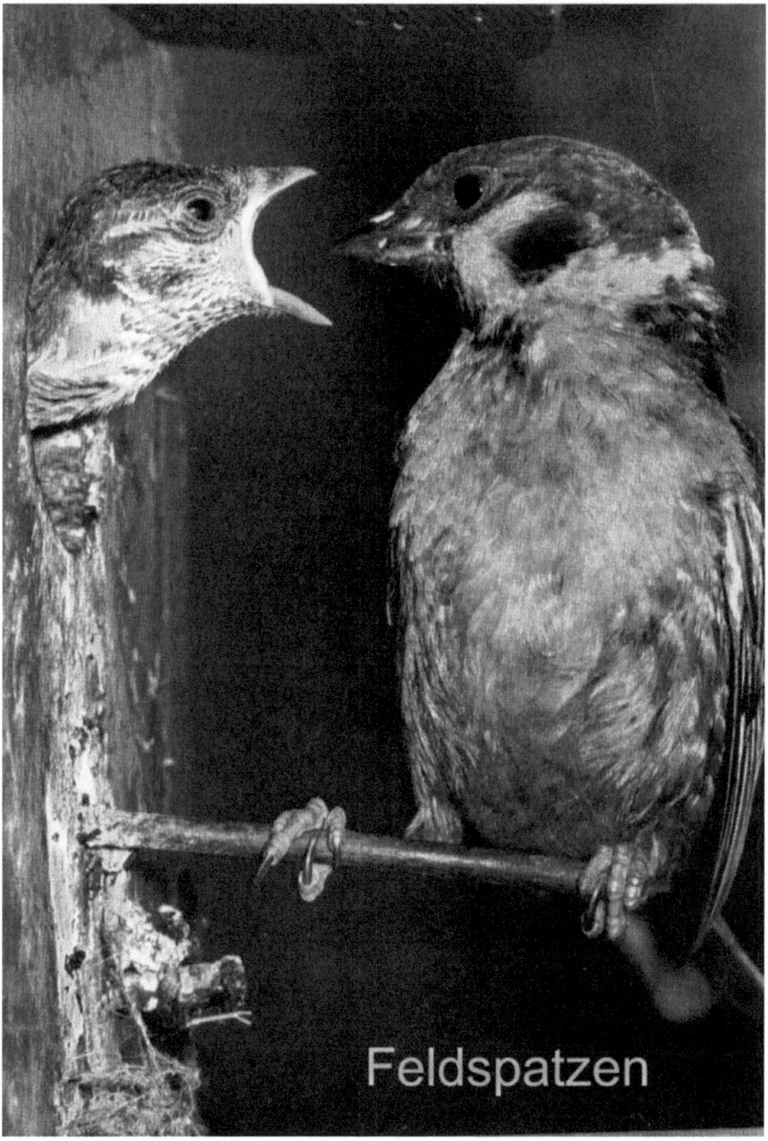
Feldspatzen

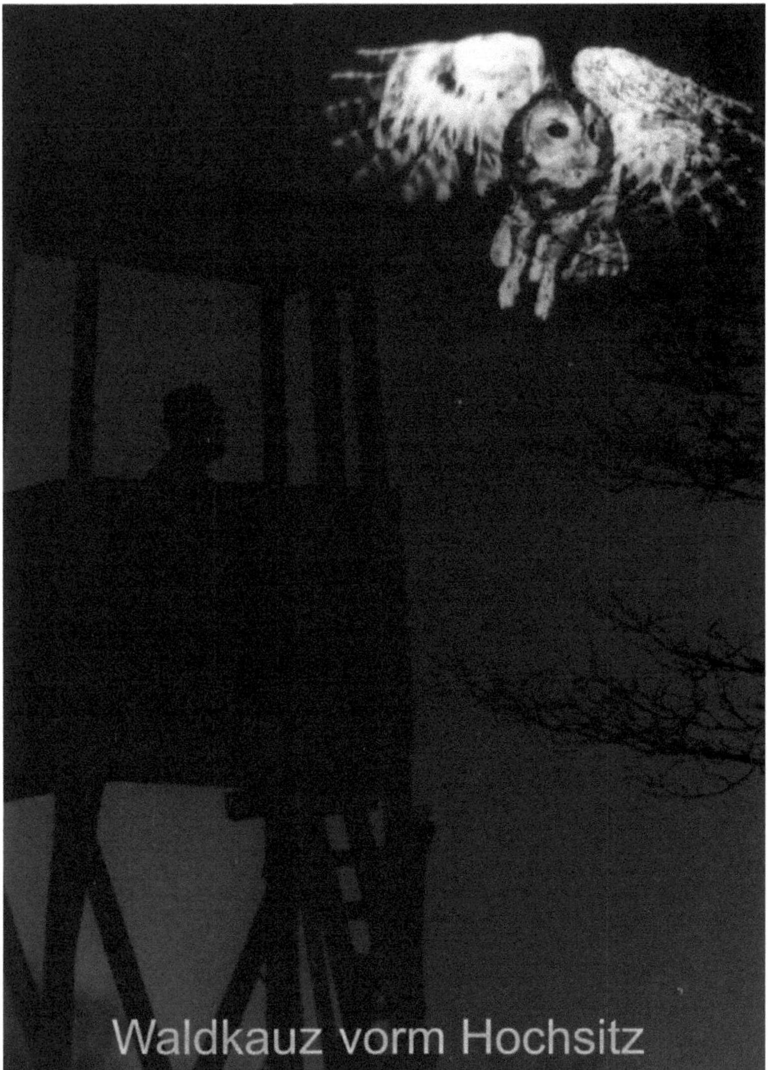

Waldkauz vorm Hochsitz

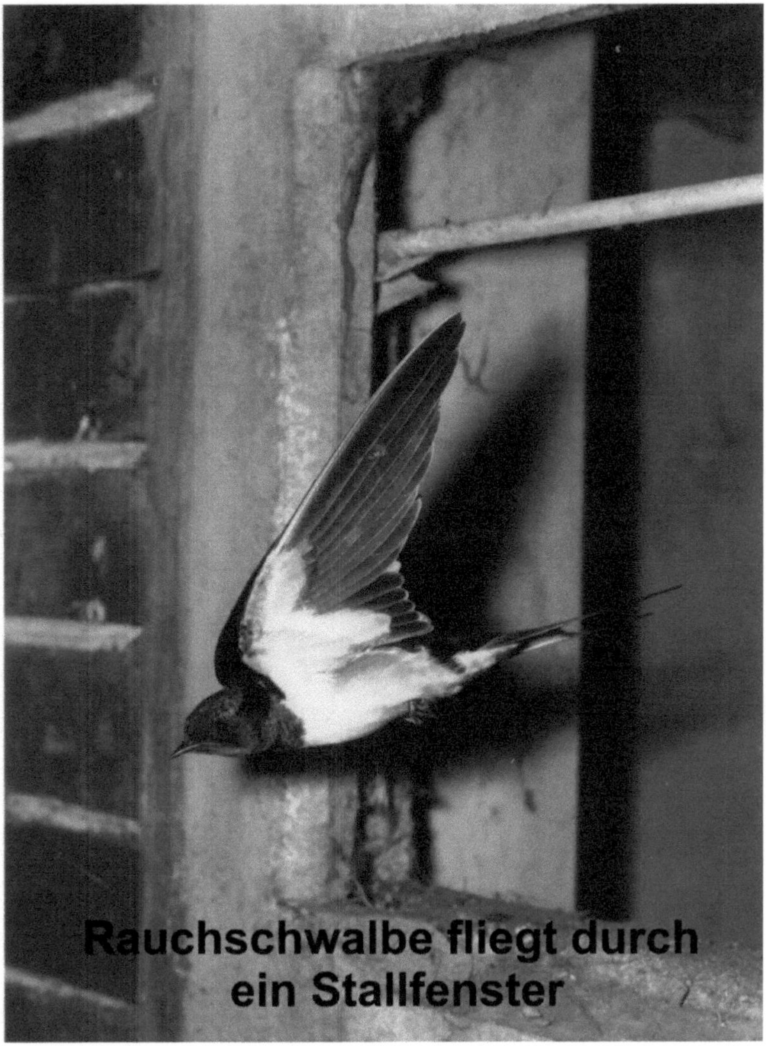

Rauchschwalbe fliegt durch ein Stallfenster

H

Habichte sind Ansitz- und Verfolgungsjäger und versuchen ihre Opfer zu überlisten, bis einer von mir überlistet wurde, fotografisch natürlich. Er hatte seinen Lauerplatz gegen Kaninchen und Jungfasane auf die Trittstufen eines Hochsitzes verlegt und es reizte mich natürlich, ihn in derartiger jagdlicher Dekoration aufs Bild zu bringen. Greifvögel, früher Raubvögel genannt, haben so scharfe Augen, die noch dazu auf kleinste Bewegungen fixiert sind, dass auch der tüchtigste Indianer bei Karl May nicht unbemerkt bleiben würde. Ich hoffte auf den Gewöhnungseffekt, dass er mich allmählich näher an sich herankommen lassen würde; nichts da, es klappte nicht. Also musste die damals modernste Auslösetechnik für motorisierte Kameras her: Ein Funkgerät, das auf der Basis jener Geräte basierte, welche Modellbauer für ihre Flugzeuge benötigen. Eine Auslösung auf über zweihundert Meter Entfernung ist möglich. Ich montierte die Hasselblad gut getarnt an einen Baum, richtete sie ein und begab mich ins hundert Meter entfernte Auto, von wo aus ich den Hochsitz beobachten konnte. Der Habicht wollte und wollte nicht kommen, ich suchte den Himmel ab und übersah doch sein Kommen: Plötzlich saß er auf der Stufe und beäugte angestrengt das Leben unter sich. Das Klicken des Verschlusses der Kamera und ihren nicht leisen Weitertransport des Filmes schien er zu überhören. So war ich in einer Stunde besten Fotolichts fertig und konnte den „ganzen Kram“ wieder abbauen.

Was ich alles mit **Haushühnern** angestellt habe, ist gar nicht in Gänze zu beschreiben. Ein Nichtkenner weiß nicht, was man mit ihnen anstellen kann, wie vertraut unsere

Hühner werden können, wenn man sich mit ihnen abgibt – sie nicht nur als Suppenhühner, Grilltiere, Feder- und Eierlieferanten betrachtet. Die meisten Bundesbürger wissen nicht einmal, dass zum Eierlegen Hähne gar nicht notwendig sind, hier geht es ohne sie – aber nur aus befruchteten Eiern können Küken entstehen! Diese Küken! Sie stehen auf einer nicht bestehenden Schönheitsliste obenan, und wenn es eine Munterkeitsliste für Jungtiere gäbe, führten sie auch diese an.

Ich hatte, kurz nachdem ich in meine Landwirtskarriere eintrat, mein Hoffedervieh, normale Rassen neben Besonderheiten wie Perlhühner, Pfauen, Truthühner und Tuben so weit gebracht, dass es mich morgens vergnügt bekrähte und begackerte. Dann flogen einige besonders liebevolle und liebebedürftige auf meinen Kopf, versuchten meine Mütze abzuzupfen und in meinen Haaren zu kraulen; ich glaube, sie hätten dort auch genistet. Wenn ich mich sonntags, um Besuchern zu imponieren, wie der Gekreuzigte hinstellte, waren, - von links nach rechts -, Hand, Arm, Schulter, Kopf, wieder Schulter und wieder Arm und Hand von Küken besetzt, die eigentlich unter ihrer Glucke Platz zu nehmen hatten. Als Pastor Horstmeier davon hörte, warnte er mich, „so dürfe man den Herrn nicht darstellen“, bekam aber die Antwort, „dass der Herr ganz und gar gewiss liebend gern so herumgelaufen wäre und unter Hühnern nicht gekreuzigt worden wäre.“ Diese Antwort machte ihn so baff, dass er seine nächste Predigt mit einem Zitat aus „Des Knaben Wunderhorn“ begann und die Leute noch schwatzten: „Ein Huhn und ein Hahn – die Predigt geht an“ - da durfte hier einmal gelacht werden!

Auch Geflügel lässt sich streicheln und kraulen, besonders gern unterm Schnabel und auf dem Rücken zwischen den Flügelansätzen. Da unterlassen sogar die Hähne das Krähen und Treten und die Hahnenkämpfe. Wenn ich mich auf den Hühnerhof setzte und in Jacken- und Hosentaschen griff und Körner, alte Brotreste und altbackenen Gugelhupf herausholte, war des Jubelns, Pickens, Streitens und Scharrens kein Ende und, - man sage, schreibe und lese -, auch beim Federvieh wurden Lakritz und Salmiakpastillen das A und Ω allen Naschens! Viel Unterhaltung gab es, wenn die Küken die platt auf dem Boden liegenden Salmiakpastillen aufpicken wollten: Es wollte und wollte nicht gelingen und eins dieser Schlaumeier setzte sich auf meinen Arm und verlangte, dass ich sie ihm hinhielt. Ich bezweifle, dass Vögel in dieser Essweise und bei harten Dingen wie Körnern und eben diesen Pastillen irgendetwas schmecken.

Leider wurde mein Geflügel-Idyll abrupt unterbrochen oder abgesagt, wie man es nimmt, weil ein Nachbar auf die Idee kam, „dass es in diesen unruhigen Zeiten“, (1946 bis 1948), nicht gut sei, freilaufende Tiere handzahm zu machen – weil so viel lichtscheues Gesindel und auch brave, aber hungrige Bürger auf dem Land unterwegs seien...“ Das stimmte und Großmutters Einwand, „noch nie legten unsere Hühner so viele Eier“ nicht dagegen ankonnte.

Ich muss zugeben, dass ich lange Zeit zu den Volksgenossen gehörte, die eine **Hohltaube** weder gesehen noch über sie gelesen hatten. Man meinte wohl, dachte ich, den ländlichen Namen Holztaube für die Ringeltaube. Ich konnte mir nicht vorstellen, dass es Tauben gibt, die in Baumhöhlen brüten, und auch der zuständige Revierförster war meiner Meinung. So entdeckte ich sie in einem Bestimmungsbuch, in dem sie abgebildet war, als sie ihren

Kopf aus der Höhle eines Apfelbaumes ins Freie schob, als, so der Fotograf, „ich mich am Apfelbaum zu schaffen machte, um ihn auf Schädlinge zu untersuchen". Vor einem fast gleichen Baum stand ich eines Nachmittags, inmitten einer alten bäuerlichen Obstwiese mit Apfel-, Birnen-, Pflaumen- und Kirschbäumen. Da hörte man noch die Singvögel singen von A wie Ammer bis Z wie Zilpzalp.

Der Trick, über Tag festzustellen, ob eine Höhle bewohnt ist oder nicht, war mir von einem hundertjährigen Landwirt „gegen eine Tüte Lakritze" offenbart worden.

„Musst leise kommen wie eine Schleiche und behutsam, wie ein Tier mit Krallen anne Fingers, und anne Baumrinde kratzen. Wenn jemand drinne is, kuckt er wisse (ganz gewiss) nach draußen, ob's jemand is, der ihm anne Gurgel will."

Gut angehört, überlegt und jetzt getan: Und schon erschien ein hübscher Kopf, aber er gehörte weder einem Marder, einer Eule noch einem Waschbär – eine Taube war's ähnlich einer Ringeltaube, aber ohne „Ringel". Um sie fotografieren zu können, ging ich zum Auto, kam zurück und machte von der noch immer sich umblickenden Taube die schönsten Fotos.

Nachfolgend behandele ich zwei „Hauben"-Vögel, die sich ganz und gar nicht gleichen: zuerst die **Haubenlerche**. Von dieser Vogelfamilie kennt man bei uns eigentlich nur die Feldlerche, sie ist diejenige, die singend in die Lüfte steigt. Alle Lerchen sind eigentlich Steppenvögel, die sich Lauf der Jahrhunderte, wie viele andere auch, nach Westen vorgeschoben haben. Von Haubenlerchen habe ich erst erfahren, als wir innerhalb der Stadt in ein Neubaugebiet umzogen, wo es viele Einfamilienhäuser mit Flachdächern gibt. Da sah ich die Altvögel auf dem Platz vorm Supermarkt Futter aufsuchen und es, wenn sie Schnabel und Kropf voll hatten, auf eines der Flachdächer bringen. Da musste ich hinauf! Das gelang mit Hilfe eines freundlichen und interessierten Hausmeisters, der auch schon beide Augen aufs Dach geworfen hatte. Zwischen zwei kurzen Schornsteinen und damit immerhin im leichten Windschutz, war ein Bodennest auf dem Teer angelegt, in dem vier Junge sich vor uns duckten. Als wir zurücktraten, kam einer der Altvögel heran und fütterte sie.

„Ich weiß“, sagte der Hausmeister, „dass auch andere Häuser von ihnen besetzt sind, habe ich aber vor der Presse geheim gehalten, weil sonst die Völker herkommen und alles zertreten. Hier können auch keine Katzen raufkommen.“

Merkwürdig war später, dass man keine flüggen Jungvögel sah, dass im nächsten Jahr die Anzahl der nistenden Vögel erheblich gesunken und dass die Population schon ein Jahr später vollkommen erloschen war – da hat die Evolution nicht mitgemacht!

Haubentaucher sind populär geworden, erstens, weil sie wegen ihres attraktiven Gehabes das Fernsehen auf sich gezogen und zweitens, weil sie sich aus freien Stücken näher zum Menschen gezogen haben. An viele Gewässer, wo seit hundert Jahren Menschen badeten, sind sie während der Brut- und Nestzeit hergekommen und werden dort mehr geschützt als badende Kinder. Als ich mir fremde Fotos ansah beschloss ich, bessere zu machen, eben solche aus dem tiefen Standpunkt der Vögel. Dazu kam das kürzlich erworbene Unterwassergehäuse der Hasselblad 500C zum Einsatz. Und zwar an einer Stelle des einsam gelegenen Sees, den ich ausspioniert hatte. Dort beschien die Sonne, wenn sie schien, bis 11 Uhr 30 das auf dem Wasser liegende, aber nicht schwimmende Nest. Es waren von mir zehn Meter in den See zu gehen, also gehen mit Grund unter den Füßen, wie ich hoffte, denn ein Taucher war ich nicht.

Ich hatte festgestellt, dass dieses Paar sich nicht daran störte, wenn ich am Ufer in der Hocke blieb und als Versuch im Sitzen ins Wasser rutschte. Um nichts zu versäumen, setzte ich eine grüne Kapuze auf, die ich rundum mit Grünzeug dekorierte. Nun, die Kamera schussbereit vorm Bauch hängend, ließ ich mich ruhig ins Wasser gleiten, bis ich erst saß und mich dann vorsichtig auf die Beine stellte. In dem Unterwassergehäuse war die Kamera mit dem Normalobjektiv 80 mm bestückt, und das erforderte ein Herangehen an den brütenden Vogel bis auf wenigstens zwei Meter. Ich nutzte die Brutablösung, die nun in Gang kam und wo die Aufmerksamkeit der Vögel abgelenkt war, um mich nun langsamer als eine Dampfmaschine in Bewegung zu setzen. Männchen und Weibchen sind nur am Verhalten zu unterscheiden, und so erkannte ich, dass jetzt das Weibchen auf den Eiern saß. Denn er schien es sich überlegt zu haben, zum Futtersuchen wegzuschwimmen, jetzt, wo ein undefinierbares Wesen sich dem Weibchen näherte.

Aber es klappte alles. Noch zwei Meter vor dem Nest hatte ich den unebenen Seegrund unter den Füßen und das Wasser erreichte meinen Hals. Es war nicht leicht, von oben in den Sucher der Kamera zu blicken, sich selbst auszutarieren und die Aufnahmen nicht zu verwackeln. Außerdem musste die Kamera nach jeder Aufnahme aufgezogen werden, damit der Verschluss gespannt und der Film um ein Bild weitertransportiert wurde. Zwölf Aufnahmen mussten unter diesen Bedingungen und Anstrengungen genug sein. Ich drehte mich behutsam um, stieg dem Ufer zu und erhob mich erst jenseits unter Bäumen, um die braven Vögel über meine Person im Unklaren zu lassen.

Weiter geht es noch mit ein paar H-Vögeln. Bauer Saalmann, der am Rand meines bevorzugten Reviers seine Landwirtschaft betrieb, ließ mir mitteilen, dass unter seinem Schuppendach ein Pärchen **Hausrotschwänze** ein Nest angelegt hätte und die Jungen bereits fütterte. Alle Singvögel, die sich eng an den Menschen und seine Einrichtungen angeschlossen hatten, interessierten mich sehr, weil sie langsam aber sicher seltener wurden. Es war in meinen Anfangstagen 1956. Um Einblick und Möglichkeiten zum Fotografieren zu haben, musste ich mit der Leiter aufs Dach steigen und eine Dachpfanne anheben. Die Kleinbildkamera Exakta Varex konnte mit einem pneumatischen Schlauch aus zehn Meter Entfernung ausgelöst, musste aber nach jeder Aufnahme per Hand aufgezogen werden. Auch hier ließen sich die Altvögel nicht von der Fütterung abhalten, ich hatte nebenbei die Aufgabe, Katzen von der Leiter fernzuhalten.

Höckerschwäne gibt es bei uns, das weiß jeder, von handzahm bis wild. Letztere waren zwar schwerer, aber attraktiver zu fotografieren. Die Männchen sind ziemlich aggressiv, wenn sie ihre brütenden oder führenden Weibchen in Gefahr wähnen, aber man muss ihnen noch frecher entgegentreten. Davon wusste ein „Kollege“ von mir nichts, als er eine Minute vor mir am Ort des Geschehens eintraf. Auf einer Wallhecke hatte dieses Schwanenpaar aus Wasserpflanzen, Altlaub, Zweigen und Gräsern einen halben Meter hohen Hügel gebaut, auf dem das Weibchen nun brütend thronte und vom Männchen bewacht wurde. Hinter dem Hügel oder Nest begann ein flacher See sich auszubreiten, vor ihm lag eine bei Regenwetter sumpfige Wiese – beides also Gelände, das ein flinker und mutiger Schwanenmann gut verteidigen konnte. In der Meinung, dass auch bei Schwänen jeder Mann bestechbar ist, hatte ich mir einige Stücke Zwieback in die Hosentaschen gesteckt. Zwieback? Ja, ich habe noch keinen Vogel kennengelernt, Greifvögel inklusive, der nicht auf dieses Allerweltsgebäck positiv reagiert hatte.

Zunächst sollte ich mir ansehen, wie „Kollegen" arbeiten, deren Grundlage zur Naturfotografie nicht die Liebe zu Tieren und Pflanzen ist. Das erste Foto war das, welches auch ich, kurz hinter ihm stehend, machen wollte: Das Weibchen thronte also auf den nicht sichtbaren Eiern und saß dabei quer zu uns – genau richtig das! Das Männchen saß neben ihm eine Stufe tiefer auch quer, und wenn sie beide jetzt die Köpfe hoben, lagen diese im Schärfenbereich unserer Kameras – genau richtig das! Die Sonne, wichtig als Beleuchter weißer Tiere, stand schräg oben hinterm Nest und gab der ganzen, sehr romantisch wirkenden Szenerie den Eindruck, in einem großen Atelier zu liegen – genau richtig das! Die Natur als Naturkünstler, man muss es nur erkennen können!

Nun ließ ich meinem Konkurrenten den Vortritt. Er schritt mutig los, Stativ mit Kamera auf dem Rücken und maß der Tatsache nichts bei, dass der Schwanenmann sich erhob und in Wachstellung ging. Ich hörte diesen schon warnend zischen und sah ihn einen Meter nach rechts vorgehen. Damit geriet er aus dem Sucher der Kamera, während der Fotograf sich bis auf fünf Meter ans Nest vorschob. Wie ein Jumbo beim Start brauste der Schwan heran, übernahm sich in der Geschwindigkeit und krachte, den Schnabel voran, dem Fotografen in die Beine. Ob er ihn wirklich tätlich angehen wollte, bleibt ungeklärt, jedenfalls sind solche Attacken auch eines schweren Vogels nichts Gefährliches, weil er weder richtig beißen kann noch seine Flügelschläge mehr als lästig sind.

Der Fotograf tat das Falsche und flüchtete zu mir herüber. Da stieg ich aus dem Auto und ging dem Schwan entgegen. Der wollte sich nun mich vornehmen. Ich hielt ihm mein rechtes Bein entgegen, wo er erst den Schnürsenkel des Schuh aufzupfen wollte und sich dann mit dem Hin- und Herzerren des Hosenendes beschäftigte. Mir war klar, sein erster Zorn war verraucht und jetzt hieß es, ihn zu korrumpieren: mit Zwieback – den knabbern alle Enten-, Gänse- und Schwanenvögel gern! Ich kramte einen hervor, biss ihn an und bot ihn dann an. Ha, wie er zuschnappte, ha, wie seine Gefährtin hergewatschelt kam! Sie hatte vielleicht Karies, denn sie ging mit jedem Stück zum Wasser und weichte es ein.

Nebenbei tat mir der Fotograf leid. Wir machten uns bekannt und beschlossen, nun gemeinsam zum Fotografieren vorzugehen. Weil die Schwänin noch an ihren Zwiebackstücken herummanipulierte, gingen wir schnurstracks zum Nest und hatten das Glück, das erste Junge schlüpfen zu sehen und auch die sechs übrigen Eier fotografieren zu können. Dann bezogen wir Stellung, um auch die Rückkehr der Schwäne zum Nest in Bildern festzuhalten.

Schließlich, um uns in guter Erinnerung zu halten, verabreichten wir jedem Schwan einen Zwieback und machten uns davon – so etwas nenne ich gute Zusammenarbeit.

Den Schwänen ähnlich, aber plumper und viel zärtlicher, benahmen sich die **Hausgänse** des Museumsdorfes bei Detmold. Sie stellten sich wie auf Kommando in Positur, so dass ich meine neueste Erwerbung, eine Linhof-Technika 6x9, zur Anwendung bringen konnte; (siehe Foto). Natürlich durfte auch hier das Honorar nicht ausbleiben, sahen doch diese lustigen Gänse aus, als wenn sie wenigstens sonntags erwarteten, und so konnte ich auch sie testen: „Mögen Gänse Weichlakritz oder nicht?“ Mögen sie, werden sie aber selten bekommen! Und das wurde wieder einmal, wo ich auftrete, eine Schlemmerei, Schluckerei, Streiterei, Würgerei und Kröchelei, denn ein Gänsegebiss ist auf solche Kost nicht eingerichtet. Zum Glück für die Gänse war ein Teich in der Nähe, wo die lustig trompetenden Tiere ihren Mund, „Verzeihung“ ihren Schnabel, ausspülen konnten.

Als letzten H-Vogel muss ich die **Hornraben** des Krüger-Nationalparks in Südafrika vorstellen. Ich gestehe, bisher noch keine klügeren und raffinierteren Vögel erlebt zu haben, wenn es um ihre Ernährung geht. Auf einem Rastplatz, wo man aussteigen und umhergehen darf, lungerten, so schien es, ein paar dieser schwarzroten Schreitvögel herum und, so schien es uns ebenfalls, warteten auf Touristen, welche sie füttern sollten. Das war ein Irrtum, wie ich bald bemerkte, die anderen Leute aber nicht interessierte. Denn als einer der Hornraben, der das Gehabe eines Chefs besaß, sah, dass ich „suchte“ und nicht nur schlenderte, schloss er sich mir an und beobachtete jede meiner Bewegungen. Da ging mir ein Licht auf: Ich musste für ihn Beute aufscheuchen. Sollte meine Vermutung richtig sein, mutete ich seinem kleinen Gehirn nicht zu viel zu? Das war schnell zu erfahren.

Es lagerten dort einige Hölzer, Bretter, Stämme und Bohlen auf dem Erdboden, die ideale Verstecke für jene Kleintiere boten, welche Licht und Sonnenhitze nicht liebten. Unter den scharfen und lauernden Blicken des Hornraben kippte ich ein Brett kopfüber und sah sofort, dass ich fündig geworden war: Eine kleine Mäuseart versuchte ein anderes Versteck zu erreichen und wurde vom Hornraben noch just am Hintern erwischt. Er ließ sie sekundenlang zappeln, bis er sie wuchtig auf den Boden knallte und die betäubte Maus in seinem überdimensionierten Schnabel verschwinden ließ. In der Zeit erwachte eine mittelgroße unbestimmbare Schlange aus ihrem Tagesschlaf, vielleicht eine junge Puffotter, und suchte beim nächsten Brett unterzuschlupfen. Der Hornrabe folgte ihr und packte sie direkt hinterm Kopf, so dass sie ihn nicht beißen konnte. Jetzt war ich ja nun einmal sehr gespannt, „wie er sie aufessen würde“. Das geschah dann folgendermaßen: Weil die Schlange sich einmal um seinen Schnabel geringelt hatte, schüttelte er heftig seinen Kopf, so dass sie wieder gerade herunter hing, und warf sie mit einer unglaublich schnellen Kopfbewegung in die Luft. Sie zappelte oben am Wendepunkt und fiel dann treffsicher in den geöffneten Schnabel! Man sah, dass sie tief fiel, aber nicht tot war – wie lange es eine Schlange im Kropf aushält, kann man nur vage schätzen.

Noch eine Hornrabenbeute war vorhin davon gehuscht: Ein Wüstenwaran von einem Meter Länge, der nun den Fehler machte, nachdem ihm die erste Flucht geglückt war, die weiteren zwanzig Meter bis zu einem deckenden Gebüsch im gemächlichen Schreitgang zurückzulegen. Da kam er bei meinem Hornraben nicht mit an. Im Zweibeinegalopp stürmte dieser ihm nach, überholte ihn und verstellte ihm damit den beabsichtigten Fluchtweg. Und er stellte sich. Ich blieb zurück, um mich nicht einzumischen. Vielleicht hätte der Waran es geschafft, wenn nicht ein Kollege meines Rabens aufmerksam geworden wäre. So zwackten ihn beide mal vorne, mal hinten, dass er einen richtigen Drehwurm bekam und unterliegen musste. Nun rannten noch zwei jüngere Hornraben herbei und gemeinsam hackte man den armen Kerl in Stücke und verschlang diese gierig, hastig und unter Raufereien.

K

Weil ich keine I- und J-Tiere fotografiert habe, springe ich jetzt zu den K-Tieren. Und fange mit dem **Kiebitz** an, der in Nachbarschaft mit Bekassinen lebt, welche ich am Anfang vorgestellt habe. Wo sind die Zeiten hin?, frage ich mich heute, wo es keine Kuh- oder Pferdewiese, keinen frisch eingesäten Roggen- oder Weizenacker gab, der nicht, je nach Größe, seine zehn, fünfzehn oder zwanzig Kiebitzgelege aufzuweisen hatte? Was bedeutete es da, wenn die Landleute sich einige Frischgelege „unter die Finger rissen“ und sich Kiebitzspiegeleier oder -ostereier machten? Wie oft habe ich damals erlebt, dass mich beim Begehen einer solchen Wiese zwanzig und mehr Kiebitze mit ihrem empörten Geschrei begleiteten und Scheinangriffe auf mich veranstalteten. So wurden auch andere, mehr gefährliche Besucher des Brutgeländes empfangen: Vornehmlich Füchse und Krähen, welche notorische Eieresser sind und vor denen die noch nicht flüggen Küken keine Chance haben.

Wie bekomme ich einen Kiebitz formatfüllend aufs Bild? So, lautet die Antwort, wie bei der Bekassine auch: Ein Versteck in Nestnähe aufbauen, selbst sich darin verbergen und ein Teleobjektiv in die Richtung bringen, aus der ein Altvogel herankommen würde. Rechtzeitig, ehe ich Anfängerfehler machte, wies mich ein Ornithologe darauf hin, dass man Kiebitze nicht täuschen könne:

„Wenn du im Zelt verschwindest und glaubst, der brutwillige Altvogel komme dann zu den Eiern zurück, bist du auf dem Holzweg."

Diese bildhafte Darstellung begriff ich nicht, und er fuhr fort:

„Er kommt dahinter, dass du da drin sitzt und wird nicht eher zum Nest gehen, bis er einen Menschen fortgehen sieht. Capito?"

Jetzt fast ja!

„Also musst du dir einen zweiten Mann suchen, der dich hinbringt und dann auffällig wieder zurückgeht. Zählen können Tiere ja nicht – kapiert?"

Vollkommen. Und so wurde es gemacht, so dass der sehr interessierte Bauer mich zum Versteck brachte.

„Die Eier dürfen nicht länger als drei Stunden", warnte mich der Fachmann, „je nach Wetterlage, unbebrütet bleiben, sonst sterben die Jungen ab."

Auch mit einem Fünfhunderter-Teleobjektiv muss man einen Kleinvogel wie den Kiebitz wenigstens fünf Meter vor der Linse haben. So hatte ich das Versteck aufgestellt.

Und der Trick funktionierte. Ein Altvogel flog noch einmal dicht über mein Versteck und landete einen Meter vor, von mir aus gesehen hinter den Eiern, und schritt ein Stück voran. Klick, sagte die Kamera, die er kaum hören konnte, aber er zuckte leicht zusammen, klick und noch einmal klick, und da kam sein Partner und setzte sich auf die Eier. Ich ließ ihm eine Viertelstunde Zeit, diese zu wärmen und schwenkte dann die Kamera vom Hoch- ins Querformat. Es stand gleichzeitig ein mittlerer Wind an und die Zeltwand bewegte sich, so dass die Bewegungen und Geräusche der Kamera und des Filmwechsels nicht auffielen. Aber ein Zelt wie meines mitten in einer Wiese erregte die Aufmerksamkeit hungriger Beutemacher. Hier war es ein Milan, der in seinem Torkelflug flach heranstrich und neugierig beidrehte. Wenn auch Fotos, die den Tod von Kiebitzküken zeigen, bei den Medien Erfolg haben würden, konnte ich ihn hier nicht zulassen. Der Milan landete fünf Meter vorm Nest und würde es gewiss entdecken. Er musste sich andauernd den Angriffen von wenigstens einem Dutzend Kiebitzen erwehren, wobei ich ihn zwar fotografierte, aber aufpasste, dass er nicht ans Nest kam. Da steckte ich meine eingeschaltete hell leuchtende Taschenlampe nach draußen - das Entsetzen in seinen Augen „sprach Bände“, wie man so schön sagt, und er flog dementsprechend ab.

Und auch ich meinte, es sei Zeit, der Aufregung in dieser Wiese ein Ende zu machen. Um den Vögeln mein Geheimnis nicht zu offenbaren, geschah mein Abgang so, dass ich die Vögel schonte, aber einer der Wiese benachbarten Bäuerin vor Angst zwar nicht das Herz brach, sie aber immerhin in die Fänge der Landpolizei brachte: Indem ich mir alle losen Sachen in Taschen und Rucksack steckte, das Stativ anband, die Kamera um den Hals hängte, das Zelt mit beiden Armen anhob und es „geheimnisvoll“, so die Bäuerin, „über die Wiese schweben ließ“. Ein Polizeiauto und zwei zugehörige Gesetzeshüter warteten schon an meinem Auto am Straßenrand. Sie schauten mehr interessiert als verdachtsvoll, mussten aber, - immerhin war dies ein Diensteinsatz -, ein Protokoll aufsetzen.

* * * * * *

Was ich mit dem K-Vogel **Kleiber** im fotografischen Sinn anstellte, ging, so der Kommentar eines Neiders, „auf keine Kuhhaut“ - ich sah das als Lob an. „Kleiber“ ist hier ein Fremdwort und bedeutet „Kleber“: Weil dieser Vogel, wenn er eine Nisthöhle gefunden hat, die im Prinzip für ihn passt, stets daran auszusetzen hat, dass der Eingang zu groß für ihn ist – er ist nicht maßgeschnitten! Also beginnt er ihn zuzukleben. Die Evolution gefällt sich, für eine neue Art zwei schon vorhandene Arten zu kombinieren: So entstand aus Meise und Specht der Kleiber, auch Spechtmeise genannt. Die Agilität beider hat er geerbt. Wenn man ihn, wie ich, beim Nest- bzw. Höhlenbau und an winterlichen Fütterungen stundenlang beobachtet, dann stellt man fest, dass er ein ganzer Kerl ist. Kehrt einer der Altvögel zum Brüten und Füttern zurück, so fliegt der Kleiber, wie die meisten Vögel es tun, nicht direkt an, sondern „schleicht“ sich herbei. Von Baum zu Baum kurze Strecken fliegend landet er bevorzugt oberhalb der Nisthöhle, um sie kopfunter anzugehen, nicht ohne hin und her am Stamm entlang zu laufen und dann mit einem Schwupps in der Höhle zu verschwinden. Zur Verkleinerung des Einschlupfes, der natürlich auch Ausschlupf ist, hat er einen Brei zusammengekaut, der in Farbe und Konsistenz der Umgebung angepasst ist.

Man sollte nun meinen, dass ein solcher Vogel die Vorsicht in Person ist, wenn er mit Menschen zusammentrifft. Mitnichten! Bei allen Winterfütterungen, die ich anlegte und auch regelmäßig versorgte, klaute er mir die Sonnenblumenkerne aus der Hand und flog sogar ins Auto, wo er durch die Scheiben bereits meine Vorräte entdeckt hatte. Auch kannte er den Kofferraum des Wagens genau, in dem schon mal Kerne und anderes Futter „so herumlagen“. Nun denn, dachte ich, wenn du ein so kecker Bursche bist, wirst du auch keine Angst vor Kameras haben. So legte ich ein paar Futterkerne auf die Linhof-Kamera und kaum lagen sie, und ich hatte die andere Kamera noch nicht ganz eingerichtet, da musste ich schon anderes Futter nachlegen.

Kein Kleiber bleibt lange allein. Ein unentdeckbares Nachrichtensystem, vermutlich sind es nur die Augen, unterrichtet die im Winter besonders lebhaften Vögel, und sie sind auch die ersten, welche Fressfeinde entdecken und durch Warnrufe melden. So hielt ich lange Zeit den Kleiber als einen der lernfähigsten Vögel, bis, ja bis ich den nächsten K-Vogel kennenlernte.

Der heißt **Kolkrabe** und ist der größte in der großen Kategorie der Singvögel. Ich bin nie dazu gekommen, ihn in freier Wildbahn zu fotografieren, desto mehr aber, Zeit mit ihm zu vertreiben. Uns allen ist das vermaledeite „Hütchenspiel“ bekannt, mit dem vielen Mitmenschen das Geld aus der Tasche gezogen wird. Es hat mit Intelligenz nichts zu tun – wohl aber mit exzellentem Sehvermögen im Spiel „Mensch oder Vogel“. Auf einem Tiroler Berghof lebte

Kolkrabe „Korki“, der größte Schelm der alpinen Welt. Er brauchte nur einmal zu entdecken, dass ich Lakritz aus Taschen zog, dann untersuchte er nicht nur die eine, sondern alle äußeren Taschen, Jacken wie Hosen! Wenn er auch seinen starken Schnabel durchaus zum Töten von Mäusen, Eidechsen, Jungvögeln, Blindschleichen und jungen Ratten mit medizinischer Kennerschaft einsetzen konnte, so war dieses Handwerkszeug doch auch zum Schäkern, Schmusen und Streicheln da, auch zum Fellordnen von Freunden. Ja, Korki besaß Freunde und Freundinnen auf diesem Hof: Wer ihm einmal eine Winzigkeit Gutes getan hatte, - das er ein Leben lang im kleinen Hirn bewahrte -, der wurde sein Freund und blieb es. Und umgekehrt: Ein Schimpfwort wie „Hau ab, du schwarzer Teufel“, Anspucken, wenn auch daneben und ein sachter aber verächtlicher Fußtritt – Feindschaft immerdar! Und Freundschaft ebenso lange!

Erwähnen wir als Beispiel lieber das Letztere. Gisella, jetzt 8, war in dieser bäuerlichen Familie ein Spätnachkomme, entweder ein Versehen nach einer heiter-erotischen Stunde infolge tiroler Sonnenuntergänge oder eines Seitensprunges in törichter Verliebtheit. Wie auch immer: Total aus der Rolle gefallen und dadurch der Liebling aller Hof- und Dorfbewohner von A wie Arzt, B wie Bello der Hofhund, K wie Kater Fritz, O wie Onkel Isidor und Z wie Ziegenbock Kapra. Onkel Isidor hatte einen Super-8-Film gedreht, den ich mir ansehen musste. 99,9 % all dieser privaten Filme sind stinklangweilig, aber hier musste selbst Pater Schrimps, Hochwürden im Dorf, seine klerikalen Blicke aufgeben und schmunzeln: „Gottes Spiele mit uns sind unergründlich“. Nach der Vorrede nun die besagte Szene des Films: Gisella saß auf dem Küchenherd-Lehnstuhl, Korki auf der Lehne, und kämmte ihr Haar mit einer Sorgfalt, die kein Hollywood-Friseur für Frau Kelly je aufgebracht hat. Korki zog jedes Haar Gisellas durch seine Schnabelhälften. Ob er auf der Suche nach Läusen und ihren Nissen war, wie ich vermutete aber nicht äußerte, weiß ich nicht – aber ich muss gestehen, dass ich bisher ein intimeres Freundschaftsverhalten zwischen Mensch und Tier nicht gesehen hatte.

Doch nun zu Korki und mir. Er schien sofort meine echte Anteilnahme an seinem Leben hier zu spüren. „Welch ein Unterschied“, sagte ich ihm, „zu dem Leben deiner Kollegen im Wald, auf den kalten Bergen, im Winter, wenn sie sich über ein Stück Aas freuen, während du hier in der warmen Stube sitzt und in einem Stück Torte stochern und Bohnenkaffee trinken kannst.“ Korki verstand, gluckste zustimmend und beobachtete meine rechte Hand, die von einer Lakritzrolle einen Streifen abzog. Er gedachte zu spielen, als er aber den Streifen quer im Schnabel liegen hatte und ganz offensichtlich den Geschmack spürte, ging ein kindliches Leuchten über sein Gesicht und Haribo hatte einen neuen Kunden gefunden.

Korki wurde dem Lakritz gegenüber leidenschaftlich, zu mir aber der höflichste Spitzbube der internationalen Vogelwelt. Ein Beispiel nur: Wenn ich mich unter schattigen Eichen im Liegestuhl zum Mittagsschlaf niederlegte und so tat, als wäre ich eingeschlafen, hatte ich vorher in meine rechte Hosentasche eine Rolle Lakritz so deponiert, dass Korki zwar ein wenig stochern, sie aber finden musste. Dieser Schlauberger wartete mein sanftes Schnarchen ab, bis er zur Tat schritt: Mit unglaublicher Sorgfalt seinen mächtigen Schnabel mit einer Geschwindigkeit von einem Zentimeter pro Sekunde in die Hosentasche schieben und, als hätte er an der Schnabelspitze einen Sensor, die Rolle einklemmen und noch langsamer als gedacht aus der Tasche ziehen. Seinen Triumph konnte er nicht verbergen und um seine Beute in Ruhe verzehren zu können, setzte er sich unter meinen Liegestuhl. Alles in allem muss ich zugeben, dass sich dieser Rabenvogel wie ein durchschnittlicher Mensch benahm.

Nun zum Test, dem Hütchenspiel. Nachdem ich Korki gezeigt hatte, dass unter einem ledernen Würfelbecher manchmal seine Leibsüßigkeit verborgen sein könnte, wurde er ganz Ohr und Auge: Das lohnte sich auch, denn es ging um Pralinen mit Nugat und Alkohol. Wenn er eine Weinbrandbohne in den Schnabel genommen und aufgebissen hatte, ließ er das Dünne in die Kehle fließen und aß die Schokolade hinterher. Eine solche Bohne machte ihn „beschickert" wie Teepen Hinnerk in Kattenvenne ein halbes Dutzend „Kurze". Ich trieb also zwei Würfelbecher auf, stellte sie auf einen niedrigen Tisch, den Korki erreichen konnte, verbarg unter einem demonstrativ die Beute und begann dann ebenso demonstrativ, die beiden Becher so lange zu verschieben, bis ich selbst nicht mehr wusste, wo denn die Leckerei sei. Korki schaute mir zu wie ein Azubi seinen Ausbildenden. Er wusste Bescheid: Wenn ich aufhörte, war er an der Reihe. Jedes Mal: Mit seinem Schnabel tickte er den nach seiner Meinung richtigen Becher an, so dass dieser umkippte und das Gesuchte freigab – ja, freigeben ist die richtige Bezeichnung für eine Leistung der Sonderklasse! Von da ab wich mir Korki nicht mehr von der Seite und ich musste auch ihn wie viele andere Freunde vor ihm, mit Hilfe der Familie bei der Abfahrt täuschen: Der Bauer ging mit ihm ins Haus und als er Korki freiließ, sah dieser nicht einmal mehr die Staubwolke meines Autos…

* * * * * *

Drei weitere K-Vögel werde ich kürzer abhandeln müssen als Korki. Erstens eine Gruppe **Kampfläufer**, auf die ich zufällig im Vorüberfahren am Dümmer See traf und die sich durch mein Anhalten nicht aufhalten ließ, ihr Kampfspiel weiter zu betreiben. Ein durch einen stärkeren Hahn verfolgter Junghahn flüchtete sogar unter mein Auto. Ein anderer spiegelte sich in der spiegelblanken Radkappe meines „Käfers“ und attackierte sich selbst. Der Schrei eines Bussards am blauen Himmel vertrieb die ganze Gesellschaft und ich konnte weiterfahren.

Einen **Kernbeißer** hatte ich noch nicht einmal an einer Winterfütterung gesehen. Jetzt stieß ich Anfang Juni auf sein mit fünf fast flüggen Jungen besetztes Nest, das in Kopfhöhe in einer Jungbuche angelegt war. Ich brauchte nur die Hasselblad mit einem Kleinblitz zu verbinden und jede Viertelstunde bereit zu sein, Aufnahmen zu machen. So lange dauerte es nämlich, bis die Altvögel neue Beute herangeschleppt hatten. Sie kümmerten sich bei Futterübergabe gar nicht um mich und waren, nach meiner Uhr gemessen, von 10 Uhr bis 15 Uhr unermüdlich tätig. Dann trat eine Pause ein, denn die Jungen waren satt und verfielen in eine Nachmittagsstarre.

Kuhreiher kannte ich von meiner ersten Afrikareise. Sie aber drei Jahre später in den Rieselfeldern anzutreffen, war doch eine Überraschung. Und sie waren erheblich scheuer als in Afrika, wo sie den Einheimischen vor die Füße laufen und sich auf Rinder und Ziegen setzen; auch bei Barbecues von Touristen schnorrten.

L

Jetzt gibt es etwas zu lachen! Denn der **Lachende Hans** lacht auch dann, wenn's nichts zu lachen gibt. Um ihn nicht in seiner fernen Heimat aufspüren zu müssen, suchte und fand ich ihn im Walsroder Vogelpark. Sein unscheinbares „Outfit“ lockte kaum einen Besucher zum Anhalten, Betrachten und Lesen des Schildes, so dass er als Single ein Leben führte, wie es langweiliger kaum sein kann. Mein Zoodirektor erzählte mir, als wir über diesen Vogel sprachen, dass einer seiner Kommilitonen, vom Vater reich bezuschusst, sich diesen Hans in seiner Wohnung hielt.

„Nach einer Woche galt nur dieses“, erzählte er genüsslich, „einer von beiden musste ausziehen! Selbst Besucher, deren finanzielle Lage Gelächter nicht förderte, fielen erst in dieses ein, hielten sich dann die Ohren zu und wollten lieber Bestatter werden oder Hersteller von Ohropax.“

So tat man den lachenden Hans in einen Käfig, wie er zum Transport von Katzen zum Tierarzt üblich ist, fuhr in eine möglichst freie Natur mit vielen anderen Vögeln, stellte den Käfig auf einen Baumstumpen, öffnete die Tür und zog sich ins Auto zurück. Mit dieser Methode der Freiheitsgewährung beruhigte man das Gewissen: Schließlich konnte das Tier selbst entscheiden, wen es wählen sollte: Leben im freien deutschen Wald mit baldigem Verscheiden oder Behausung beim Menschen. Klar, er flog plötzlich davon und „ward nimmer gesehen und gehört...“

Dieser Hans, vor dem ich jetzt meine Kamera auspackte, wieder mit einem Blitzlicht versah und sie dicht an den

Maschendraht presste, - nur so kann man durch ein dichtes Gitter fotografieren -, schaute mir höchst interessiert zu und drehte seinen Kopf kokett hin und her. Was nun unter den Blicken eines Wärters geschah, ist noch nie beschrieben worden: Bei jedem Aufleuchten des Blitzes brach Hans in ein Gelächter aus, das jeden in der Nähe stehenden Zuschauer und Zuhörer auf die Stelle bannte, die er betreten wollte. Tatsächlich, ich sah Füße und Beine, die in der Luft schwebten. Kein Mensch kam auf die Idee, den Urheber des Gelächters in einem Vogel zu vermuten – vielmehr wurde ich gar unwillig als lachender Parkbesucher angesehen, „dem's in der Birne nicht ganz stimmte".

Beim nächsten L-Vogel, den ich vorstelle, hat die Vorsilbe „Lach-" mit Lachen nichts zu tun, denn diese Lach ist mit dem lateinischen „lacus", dem deutschen „Lache" und dem englischen „Lake" wohlverwandt: Die **Lachmöwe** ist ein See- und Wasservogel, der nicht den großen See oder das Meer benötigt, um glücklich zu sein, sondern eben Lachen mit Flachwasser. Als ich mich am Nest stehend über ein Junges beugte, das ich beringen wollte, attackierten mich die Altvögel so aufgeregt, dass sie den Habicht über sich nicht bemerkten, der einen griff, (daher „Greifvogel"), und davontrug. Lachmöwen können riesige Brutkolonien bilden, Hunderte Nester liegen dann eng beisammen, es kommt pausenlos zu Streitigkeiten, und wenn Fütterungszeit ist, kann man sich in der Nähe nicht unterhalten. Ein Vogelwart, der zum ersten Mal so eine Kolonie zu betreuen und auch vor Menschen zu schützen hatte, lud mich ein, ihn beim Kontrollgang zu begleiten – ich lehnte ab. Als er zurück war, wusste er, warum: Er war über und über sozusagen beschissen worden.

Der attraktivste L-Vogel ist zweifellos der **Löffler**. Ich versuchte ihm schon nachzustellen, als er noch nicht so weit verbreitet war wie heute: am Neusiedler See. Seine kleine Kolonie dort war nicht betretbar, aber ein Einheimischer gab mir den Tipp, dass einige Vögel mehr oder weniger regelmäßig den Brunnen in Andau besuchten und sich dort wenig scheu benahmen. In meinem ersten grünen „Käfer" von 1961 wartete ich der Dinge, welche da kommen sollten. Das hier gezeigte Foto habe ich dem realen nachgebildet, weil die ersten Aufnahmen vergangene Jahrzehnte nicht überstanden haben. Auch nicht jene der **Lerchen**, die hier in der Puszta vor mir in den Himmel stiegen – ohne Autofokus schaffte ich es nicht, sie scharf abzubilden.

Mit Absicht habe ich **Laufenten** an den Schluss gestellt. Sie kannte man damals nicht, so viel Schnecken, ihre Leibspeise, gab es ebenfalls noch nicht. Zwanzig Jahre später durfte ich mit ihnen „arbeiten" und habe sie dabei kennen- und lieben gelernt. Und was aßen sie am liebsten, wenn sie von klebrigen Schnecken genug hatten? „Amerikaner" und „Schnecken", vom Bäcker konsequent „Schnakerli" genannt. Wenn ich selbst diese nachmittags aß, kam die Sechsergruppe herangaloppiert und verlangte energisch Teilhabe. Hatten sie sich einmal um mich geschart, musste ich den alten Trick anwenden, sie loszuwerden, den außer anhänglichen Hunden und Katzen die meisten Tiere nicht begreifen: Zum Auto gehen und die Fahrertür vorbereitend öffnen, dann mit den folgenden Enten ums Auto laufen, einen Spurt einlegen und ins Auto fetzen, wenn sie noch auf der anderen Seite sind. Tür zu und sich durch Niederducken unsichtbar machen! Dann trollen sie enttäuscht vondannen und können das abfahrende Auto nicht mit den Ereignissen in Verbindung bringen.

M

Denke ich über M-Vögel nach, vergesse ich niemals den Mundräuber **Milan**, Mitglied einer Räuberbande, die jeden natürlichen Nahrungserwerb aufgegeben hatte und tatsächlich vom Mundraub lebte. Ich lernte sie auf einer Gesellschafts-Fotosafari in die Serengeti kennen. Und weil keiner der einheimischen Begleiter es für ratsam gehalten hatte, uns harmlose Touristen vorzuwarnen, gingen glatte 50% des von der Lodge mitgegebenen Mittagessens an die Räuber, Luft- und Wegelagerer verloren. Dieses „kalte“ Mittagessen, in einem Pappkarton untergebracht, bestand immerhin für jeden Teilnehmer aus zwei gekochten Eiern, einer fetten und versalzten Mettwurst, je einem gebratenen Hühnerbein, zwei pappigen Brötchen, die über einem Feuer aufgeröstet werden konnten, einer Flasche Cola, einem runden Käse, einer Packung Knäckebrot, einem Apfel und einer Apfelsine und als Abschluss gedacht ein kleines Paket Butter - „allerhand“, kommentierten wir und sahen, dass die mitgekommenen Parkwächter und bewaffneten Führer nicht so großzügig versorgt waren. Da war ich der erste, der ihnen spendete, doch meinen Karton mit der Weste zudeckte. Wer das nicht tat, dem stahlen, noch kaum bemerkt, die fixesten Milane schon einen Teil des Picknicks.

Ehe ich zu essen anfing machte ich die schönsten Aufnahmen dieser braunen Flugkünstler, welche gegen den hellblauen Himmel schwarz aussahen. Zwei Dutzend von ihnen waren als erste Spitzbuben und Spione dauernd in der Luft, andere, noch nicht so mutige und der Nachwuchs, saßen auf den Steinen ringsum. Abfalleimer gab es nicht, ein Lagerfeuer brannte und hielt den Kaffee heiß. Ich lernte einen Unterschied kennen: Welches Getränk ist gesünder oder möbelt bei körperlichen Anstrengungen und Durst und Hitze mehr auf, kalte Cola oder heißer Kaffee? Ich verrate es hier nicht, jeder meiner Leser sollte es selbst ausprobieren.

Dieser Rastplatz hier, berichtete der deutsche Reiseleiter, besteht schon lange und wurde von einem wohlbekannten Tierprofessor und Fernseherzähler angeregt und angelegt. Mehrere steinerne Feuerplätze, Feststeine zum Sitzen und Anlehnen, keine Papier- oder sonstigen Abfallkörbe, denn, so die Devise „jedermann hat den Dreck, den er herbringt, auch wieder mitzunehmen“. Nun komme ich zu den Abenteuern, welche wir und andere Reisegruppen, die jetzt eintrafen, mit den Milanen erleben durften. Ich zähle auf und nenne mich zum Anfang.

Erstens sah ich noch nicht hin, welche Kunststücke die Vögel in der Luft vollführten und den verstorbenen Kunstflieger Ernst Udet vor Neid noch früher hätte sterben lassen. Über mir „rüttelte“ ein Milan und betrachtete wohlgefällig, wie ich mein Ei aufnahm und zu schälen begann. Ehe ich es mit links dem Mund zuführen, aber mit rechts einen Schluck Kaffee nehmen wollte, hielt ich es bis Schulterhöhe hoch. Ein leichter Flügelwind zeigte mir an, dass der Vogel nähergekommen war. Aber, aber, das Ei, welches ich zwischen Daumen und Zeigefinger gehalten hatte, war nicht mehr da! Ich konnte es aber noch sehen, denn der Dieb aß es im Flug auf, ohne einen Krümel fallen zu lassen.

Zweitens: Nun aufmerksam und auch wachsam geworden sah ich, wie einer Frau, die ihr Hühnerbein wohl nicht so gelungen fand wie ein heimisches oder eins vom Wiener Wald, dieses vorm Mund weggeklaut und ebenfalls in der Luft aufgegessen wurde – der Knochen natürlich nicht mit!

Drittens: Ein heuriger Milan wohl ohne Erfahrung nahm in einem eleganten Flug die Apfelsine eines Mannes auf und flog mit ihr auf einen benachbarten Stein. Dort versuchte er sie aufzuklopfen, doch einer seiner Verwandten, der die Konstruktionen solcher Früchte kannte, bestahl ihn. Ich bewunderte seine Kunst, sie im Flug zu schälen und das Innere mit dem Schnabel aufzuschlürfen.

Viertens gab es eine Kooperation unter einem Milan-Ehepaar: Der Reiseleiter selbst richtete sein Mittagessen her, indem er die Sachen im Karton ließ, diesen aber mit dem Hut zudeckte, um in aller Vorsicht eine Pfeife zu rauchen, die er am Feuerchen entzündete. Da zischte ein Milan von hinten heran, griff den Hut und sein Kollege hatte nun freie Hand, (Greiffuß), Brötchen und Apfel zu stehlen.

Ich hätte auch noch über fünftens bis achtens berichten können, möchte mich aber nicht wiederholen! Als einziger Reisender befragte ich den einheimischen Führer nach den Verhältnissen hier, seit wann und ob das hier jeden Tag so herginge?

„In der echten Regenzeit nicht, weil dann die Touristen ausbleiben. Die Altvögel kommen auch in ihrer Nist- und Brutzeit her und füttern ihre Jungen mit gekochten Eiern, Hühnerfleisch und den anderen Sachen, die Sie ja kennen. Kein Milan möchte mehr mühsam Mäuse, Eidechsen, Schlangen und dicke Käfer fangen – man sollte diesen Rastplatz schließen, sonst nichts. Doch die Touristen wollen das nicht, viele, die Bescheid wissen, kaufen für die Milane extra Leckerbissen ein."

Was mir besonders imponierte, war die „Fingerfertigkeit" der Vögel, den Leuten die Beute aus den Händen zu nehmen, ohne sie, diese Hände, zu berühren! Mit der Mettwurst, die ich sowieso nicht zu essen gedachte, machte ich einen letzten Test, ehe wir aufbrechen mussten: Ich hielt sie demonstrativ hoch und fest in der Hand. Prompt knappte sie mir der nächste Milan mit dem Schnabel durch und verschlang sie auf einem Felsen sitzend. Und dann folgte mein Abschiedstest: Ich warf ihm die andere Hälfte zu, die er noch in der Luft abfing…

* * * * * *

Es folgt die große Familie der M-Vögel: **Meisen**. Ornithologen haben sie in „Paridae" eingestuft und wohl noch gar nicht weltweit erfasst. Wo Vögel überhaupt existieren können – Meisen sind immer dabei. Ich nenne hier die für uns wichtigsten Meisenarten, auch auf die Gefahr hin, dass ein Bandwurmsatz entsteht: Kohl-, Tannen-, Blau-, Lappland-, Hauben-, Sumpf-, Mohren-, Weiden-, Lasur-, Gold-, Schwanz-, Rotstirn-, Sultans-, Indianer-, Kap-, Bunt-, Beutel-, Birken-, Trauer- und Karolinenmeise.

Da müssen einige für alle stehen! Und wenn eine einzelne für alle anderen stehen müsste, könnte es nur die Kohlmeise sein, *(Parus major)*. Man merkt schon, dass ich parteiisch bin! Ich liebe und verehre sie als Naturfreund und Naturfotograf und habe viele fröhliche und lehrreiche Stunden mit ihr verbracht. Warum? Weil sie lebens- und anpassungsfähig erscheint; weil sie zu alten, nachgewiesenen Vogelformen gehört; weil sie so fleißig in der Arterhaltung ist; weil sie nett zu Naturfotografen ist, wenn diese nett zur ihr sind. Unter „nett“ verstehe ich, wenn sie seine an Bäumen, in Gärten, Anlagen und Wäldern aufgehängten Nistkästen annimmt, ihm aus der Hand pickt und seinen und des Nachbarn Garten frei von Schädlingen hält. Ist das zu viel verlangt? Dazu kommt noch, dass sie vor Fotokameras und deren Besitzern nicht scheut und man sich mit ihr auf Du stellen kann.

Am Beispiel der Kohlmeise wollen wir ihre Vermehrungskraft und ihr Einvernehmen mit den Umständen beweisen. Als Höhlenbrüter sind die meisten Meisen allerdings in der Auswahl des Nistortes eingeschränkt. Bei der Kohlmeise müssen es Höhlen sein, andere Arten bauen sich ihre eigenen Höhlen. Natürliche Höhlen gab es früher in unseren Wäldern, Forsten, Friedhöfen, Gärten und vor allem den Baumalleen mehr als heute. Doch neue Angebote sind hinzugekommen, die es früher weniger gab. Zum Beispiel: Briefkästen, Nischen in Neubauten, mit Absicht offen gelassene Dachzugänge, mehr Nistkästen als früher. Ein Gartenbesitzer, der seinen Kohlmeisen Gutes tun wollte, beklagte sich bei mir, dass jetzt zum zweiten Mal die Aufzucht nicht geklappt hätte. Ich sah mir sein Meisenangebot an und warf ihm vor, den Tod der Jungen darin verschuldet zu haben. Was war geschehen? Er hatte sich zwei runde Ölflaschen besorgt, jene blechernen Behälter mit einem Ein- und Ausgießloch oben. Er befestigte sie in seinen Obstbäumen und freute sich, dass sie schon im ersten Frühjahr angenommen wurden. Nachdem die Jungen geschlüpft waren, - was er mit dem Ohr an der Flasche hören konnte -, flogen die Jungen nicht termingerecht aus und die Altvögel verschwanden. Von oben hineinschauen? Ja, das ging einäugig und mit Taschenlampe. Die Jungen lagen voll ausgewachsen auf dem Boden und waren tot.

„Hat da nicht die Natur versagt?“, fragte er beklommen.

„Nein“, erklärte ich, „die Jungen konnten, als sie ins Freie wollten, nicht an der glatten Innenseite hochklettern. Eine Naturhöhle hat niemals eine glatte Innenseite, da kommen solche Unfälle nicht vor.“

Bereits im Herbst soll sich das Meisenmännchen um eine Nisthöhle kümmern und versuchen, es mit Beschlag zu belegen. Doch die Konkurrenz ist groß. Dazu kommt, dass die Höhleneingänge in der Natur nie auf Benutzer zugeschnitten sind wie die von uns Menschen gefertigten; da gibt es genaue Maße zum Beispiel für Blaumeisen, die bereits größeren für Kohlmeisen, dann die noch größeren für Höhlenbrüter wie Spatzen und Stare.

Nicht jeder von uns scheint zu wissen, dass viele Singvögel pro Saison zweimal brüten und Junge aufziehen, so auch die Kohlmeisen. Ob das geschieht, hängt vom Wetter ab und damit direkt vom Nahrungsangebot. Die Risiken sind groß und für alle Nichthöhlenbrüter noch größer: Sind die Jungen geschlüpft und stellt sich eine Regenperiode ein, sagen wir von sieben Tagen, so verhungern sie. Denn die meisten Jungvögel benötigen zu raschem Wachstum Lebendfutter, das in Regen- und Kältezeiten nicht vorhanden ist. In den ersten Stunden und Tagen nach dem Schlüpfen „hudern“ zwar die Eltern die nackten Jungen, aber sie können, auch bei Ablösung, es nicht schaffen, die Brut trocken zu halten.

Wie auch Fressfeinde die sorgsamste Arbeit der Jungenaufzucht in einer Stunde zunichte machen können, habe ich selbst erlebt, ohne eingreifen zu können. Ich saß, wie oft, auf einem Hochsitz und beobachtete nicht nur das zu fotografierende Wild, sondern nebenbei auch alles andere Leben im Revier. Im Fernglas fiel mir auf, dass sich ein Paar Eichelhäher merkwürdig benahm und auf etwas zu lauern schien. Das Glas nach rechts geschwenkt, da sah ich einen von Jägern aufgehängten Nistkasten, vor dem ein Kohlmeisenpaar aufgeregt hin- und herflog und warnend zeterte. Ja, im Ausflugloch hockte ein Junges, beobachtete, sah seine Eltern und musste die Luft für rein halten. Ein Irrtum! Als es abflog, um das Geäst des nahen Baumes zu erreichen, fasste ein Häher es im Flug ab, trug es zum Baum, zerhackte es und nahm die Stücke vermutlich mit zum eigenen Nest oder Horst, wo hungrige Häher auf ihre Eltern warteten.

Ich konnte nicht eingreifen, aber mitzählen: In Abständen von zwei bis drei Minuten flogen die jungen Kohlmeisen aus, insgesamt die erstaunliche Zahl von neun, und wurden alle gefasst, massakriert und fortgetragen – alle Mühen der Meiseneltern sind vergeblich gewesen. Ist es früh im Jahr, so gegen Ende Mai, dann werden sie noch einen Versuch machen. Forstwirtschaftlich ist die Tätigkeit der Meisen von Bedeutung. Ich habe an einem Fütterungstag bei Blaumeisen eine Strichliste geführt: Wie oft flogen die beiden Alttiere die Höhle an, was hatten sie in den Schnäbeln? Im zeitigen Frühjahr stehen in Laubwäldern Milliarden Raupen verschiedener Baumschädlinge zur Verfügung, die trotz aller natürlichen Bekämpfung den Baumbeständen schweren Wachstumsschaden zufügen können. Nur Wochen später haben die Raupen sich verpuppt und sind Motten oder Schmetterlinge geworden – in allen Formen sind sie essbar und werden auch von allen umliegenden Fressfeinden hergenommen. Wenn die Altvögel beim Heimkommen mit dieser Beute am Nistkasten kurz verhielten, ehe sie einschlüpften, versuchte ich die Anzahl der Beutetiere im Schnabel zu zählen. Außerdem hatte ich später zu Hause die Möglichkeit, ihre Zahl auf den Fotos festzustellen. Bei den ganz kleinen Raupen, die in den ersten Tagen verfüttert wurden, trugen die Eltern drei bis sechs heran. Später, nach einer Woche, wenn sowohl die Jungen als auch die Raupen gewachsen und diese zwei bis drei Zentimeter erreicht hatten, „bündelten" die Altvögel drei im Schnabel. Auch ging der Fütterungsvorgang bei fast erwachsenen jungen Meisen viel schneller vor sich. Viele Motten des Eichenwicklers zappelten noch, als sie in den kleinen Rachen verschwanden. In den beiden letzten Tagen vorm Ausflug der Jungen flogen die Altvögel ihre Nisthöhle stündlich circa 25 Mal an und verfütterten regelmäßig drei bis fünf vom Oberförster als „sehr schädlich" deklarierte Insekten. Wer jetzt den Taschenrechner zückt oder den Computer anwirft, kann leicht hochrechnen, wie viel Schadinsekten auf der Strecke bleiben; ihre vollständige Ausrottung durch die Chemie würde zwar imponierend höhere Zahlen ausweisen – aber Tausenden Singvögeln im Revier Lebensgrundlagen nehmen.

Eine ganz raffinierte Kohlmeise begann meinen Wagen zu „reinigen". Während ich mich innen über mein Mittagessen hermachte, entdeckte sie die an der Windschutzscheibe und der Frontkarosserie „angeklebten" Insekten. (Es sind ja Abermilliarden Insekten, die jeden Sommer von unseren Autos „erlegt" werden!) Einige sind noch gut erhalten und können mit dem Schnabel abgeklaubt werden. Um das Erinnerungsvermögen der Meise zu testen, kam ich am nächsten Tag zurück – prompt erschien sie wieder und reinigte meinen Wagen. Das brachte mich im Winter auf eine Idee: Da legte ich in verschiedenen, auch stadtnahen Revieren jene Fütterungen ein, welche ich schon beschrieben habe. Aber ob meine Leserschaft es glaubt oder nicht: Sie wurden bestohlen! Wenn ich sie am Freitag reichlich mit Meisenringen, Kernen, Knödeln und anderen ornithologischen Leckerbissen bestückte, um am Wochenende fotografieren zu können, waren sie dann „fort und weg“ und natürlich die Täter auch. Der Jagdherr riet, statt auf Vogel- nun auf Menschenjagd zu gehen – was ich ablehnte. Auch den gar ernsthaft gemachten Vorschlag, um die Futterstellen herum Schlagfallen aufzustellen, lehnte ich natürlich ab. Der beste Vorschlag wäre gewesen, die Futtermittel hoch in den Bäumen aufzuhängen – doch ich bin kein Eichhörnchen. Um die Vögel dennoch nicht zu kurz kommen zu lassen, blieb ich ein paar Stunden im Auto sitzen, nachdem ich dieses an allen Ecken und Enden mit den erwähnten Futtermitteln vollgehängt hatte. Innen, direkt an der Scheibe und unterm Spiegel, hängte ich eine Kugel auf und öffnete eine Seitenscheibe in Vogelbreite – herein kam nur die fidele Blaumeise und unterhielt mich besser als jedes Fernsehen...

Mein grobes Zählen in einem Revier, das von allen vier Seiten durch Forst- und Verkehrswege abgesteckt war, dessen Quadratmeterumfang ich vergessen habe, bot 500 Nistplätzen von Kohl-, Blau-, Tannen- und Sumpfmeisen, dazu Kleibern, Finken, Rotkehlchen und Grasmücken Leben und Fortpflanzung. Bleiben wir bei unseren Kohlmeisen: Sie sind ortstreu, überwintern bei uns und auch wenn viele von ihnen den leichten Weg zu menschlichen Futterhilfen fliegen, durchstöbern sie doch immer noch nebenbei ihre Reviere auf der Jagd nach überwinternden Schadinsekten. Gartenbesitzer und berufliche Gärtner tun gut daran, sich mit ihnen zu arrangieren.

* * * * * *

Es gibt noch eine M-Vögel-Gruppe, die man zusammenfassen kann: die **Möwen**. Als ich 1959 das Langeooger Vogelschutzgebiet während der Brutzeit besuchte, folgte ich der Empfehlung des Führers, es nicht ohne Kopfbedeckung zu tun. Ein Besucher vor uns hielt diesen Rat wegen seines dichten Haares für unnötig und musste die Folgen mit einer Woche Aufenthalt im Krankenhaus und anschließender Reha bezahlen. Denn eine sich gestört fühlende Silbermöwe erhob sich vom Nest, stieg hinter dem Besucher hoch und fuhr ihm mit beiden Füßen durch die Frisur – das war kein Kämmen, sondern ein Furchenziehen auf der Kopfhaut! Wenn man sich vorstellt, welcher Schmutz und wie viel Keime in Vogelfüßen stecken, die sich stundenlang auf dem Erdboden bewegen, dann weiß man, dass eine schwere Infektion nicht ausbleiben konnte.

Da war es schier lustig anzusehen, wie Urlauber und Tagesgäste auf den Fähren nach Sylt, Amrum und Fehmarn von Möwen und Seeschwalben behandelt wurden.

„Sie haben selbst schuld", murrte der Kapitän, „weil sie das Fütterungsverbot missachten und sich jetzt bescheißen lassen müssen."

Ja, das wusste ich vorher und war jetzt zum Bug des Schiffes ausgewichen, um ungestört die herrlichsten Flugaufnahmen, - „weiße Vögel gegen blauen Himmel" -, machen zu können. Das klappte so ausgezeichnet, dass ich auch noch ein paar Aufnahmen „Beschissener" machen konnte. Was so ein großer Vogel an Notdurft ablassen kann, „passt auf keine Kuhhaut". Es wird zudem aus dem Körper gepresst und vom stetig wehenden Wind versprüht.

Wer während der Fahrt etwas essen oder trinken wollte, musste in den Saal hinunter gehen.

Er verpasste aber gleichzeitig das Wunder des Vogelfluges. Welch eine Akrobatik, Reaktionsfähigkeit, Augenmaß und Flügelkraft waren nötig, um ein von Touristen hochgeworfenes Brötchen aufzufangen! Auf das zudem noch andere Gierhälse stießen, oder denen man einen Happen aus dem Schnabel stoßen musste, um ihn vorm Absturz ins Wasser noch zu erhaschen. Kleinere Möwen und Wasservögel, die nicht besonders wendig waren, ließen es bequemer angehen: Es fiel genug geworfenes Futter in die Nordsee, das auch salzig-eingeweicht nicht schlecht zu schmecken schien. Ich passte neben den Aufnahmen auf, dass meine wertvollen Hasselblads und Robots nicht bekleckert wurden, denn dann hörte aller Spaß auf.

In der Wartezeit, um mit der Eisenbahn nach Sylt zu gelangen, beobachtete ich einige Möwen, die einem reellen Nahrungserwerb nachgingen, eine bisher nicht gemachte Beobachtung. Ich weiß nicht, wie viele meiner Leser den Begriff „Treteln“ kennen. Katzenbesitzer gewiss, wenn ihr Liebling auch mal Junge bekommen hat. Treteln nennt ein Internet-Lexikon „Milchtritt“, was nichts anderes bedeutet, als dass ein Euter oder ein Gesäuge massiert wird, um den Milchfluss in Gang zu setzen. Und wie sollten Möwen treteln?, wird mancher Leser fragen. Nun, ich beobachte es soeben: Zwei Möwen haben sich die benachbarte Wiese ausgesucht und, - ich erkenne es genau -, stehen auf der Stelle und treteln mit beiden Füßen. Dann warten sie und gucken gespannt auf den Boden vor sich, ehe sie eifrig zu picken beginnen. Da begriff ich den Vorgang: Es ging um Regenwürmer! Über sie ist Gärtnern bekannt, dass sie beim

Umgraben von Beeten „freiwillig nach oben“ kommen, denn ihre meisten Fressfeinde „kommen von unten“. Hier also haben Möwen die Erfahrung gesammelt, dass dies so ist – eine famose Leistung immerhin. Für die Klugheit von Möwen spricht auch, dass sie Jahr um Jahr mehr nach Süden gerückt sind, immer den Flüssen und Kanälen nach bis zu den Großstädten, wo sie auf Müllhalden so etwas wie ihr Paradies gefunden haben.

Einen bekannten, in den letzten Jahren seltener gewordenen M-Vogel will ich hier wohl benennen, habe aber keine Abenteuer mit ihm anzubieten: der **Mauersegler.** Er führt ein Dasein, wie es eintöniger nicht sein kann. Nehmen wir einen jungen Mauersegler, auch Turmschwalbe genannt. Sein wissenschaftlicher Name lautet *Apus apus*, was „ohne Fuß“ bedeutet. Wenn es ihm gelungen ist, als eines von zwei Jungen flügge zu werden und sich aus dem Verließ, in dem er aufgezogen wurde, in die Lüfte zu werfen, dann bleibt er in diesen Lüften! Ja, bis er selbst als Zweijähriger das erste Mal Junge aufzieht. Wer jetzt noch nicht alles begriffen hat, dem muss ich weiterhelfen: Dieses Junge bleibt Tag und Nacht in der Luft und setzt sich nirgends hin, um auszuruhen.

Ich möchte ab hier einem „Kollegen“ das Wort überlassen, der diesen Vogel besser als ich kannte und ihm einen lustigen Namen, nämlich „Vogel Wupp“, gegeben hat: Hermann Löns.

„...Wer nun das Konversationslexikon aufschlägt und den Vogel Wupp sucht, der findet ihn nicht; er findet ihn auch nicht im Friedrich oder im Naumann oder in irgendeinem anderen Vogelbuch. Denn den Namen habe ich dem Vogel angehängt. Die Vogelforscher nennen ihn Apus apus... Ich aber nenne ihn den Vogel Wupp. Denn wupp ist er da, und wupp ist er fort. Eben ist er oben über dem Kirchturm, gleich darauf wer weiß wo. Sein ganzes Leben steht unter dem Wahlspruch: Wupp. Wupp Himmel, wupp Erde. Wupp hier, wupp da. Wupp Afrika, wupp Deutschland, oder umgekehrt… Er ist ein ganz moderner Vogel; er hat nie Zeit. Nicht fünf Minuten kann er ruhig sitzen… Denn früher, als Dürer noch lebte und es noch keine Industrie gab, keine Hochöfen und keinen Ruß, scheint es den Vogel noch nicht gegeben zu haben. Keiner der alten Naturforscher nennt ihn, kein Dichter besang ihn, kein Maler bildete ihn ab, und auf dem Land, wo noch keine vierstöckigen Häuser sind, brütet er nicht, sondern am liebsten dort, wo die Natur aus Zement, Backstein, Asphalt, Straßenbahnschienen, Kneipen und Leitungsdrähten besteht… Sein Lebensmilieu aber ist die Großstadt mit ihrem Wuppwuppleben...“

Soweit Hermann Löns. Ich verzichtete also auf ihn, weil mir die Beute zu gering erscheint, wenn nur ein Bild von hundert gelingen kann und seine Nistorte nur unter Lebensgefahr aufgesucht werden können.

So kommen wie jetzt zur **Mönchsgrasmücke**, ein aparter Gebüschvogel, der sehr heimlich tut. Und er verübelte die Nestfotografie so sehr, dass das Männchen gar nicht zum Nest kam und er das halbe Revier mit seinem Gezeter verrückt machte. Als ich sah, dass er einen bestimmten Sitzplatz bevorzugte, stellte ich die Kamera mit dem 350er-Tele darauf ein und erwischte ihn ein paarmal mit dem Fernauslöser.

Mehlschwalben waren leichter zu fotografieren als ihre Vettern, die Haus- oder Rauchschwalben, denn sie errichten in Selbstarbeit ihre Nester auch in Mannshöhe an den Außenwänden von Gebäuden und kümmern sich kaum ums menschliche Treiben. Eine der Schwalben hängte sich einmal so an die Gegenlichtblende meines Objektivs, dass sie genau auf die Frontlinse schauen konnte; es war natürlich ihr eigenes Spiegelbild, das sie dort sehen konnte. Aber, wie ich es beim Kleiber geschafft hatte, sie in die Gegenlichtblende hineinzulocken und dort zu fotografieren, den Gefallen tat sie mir nicht.

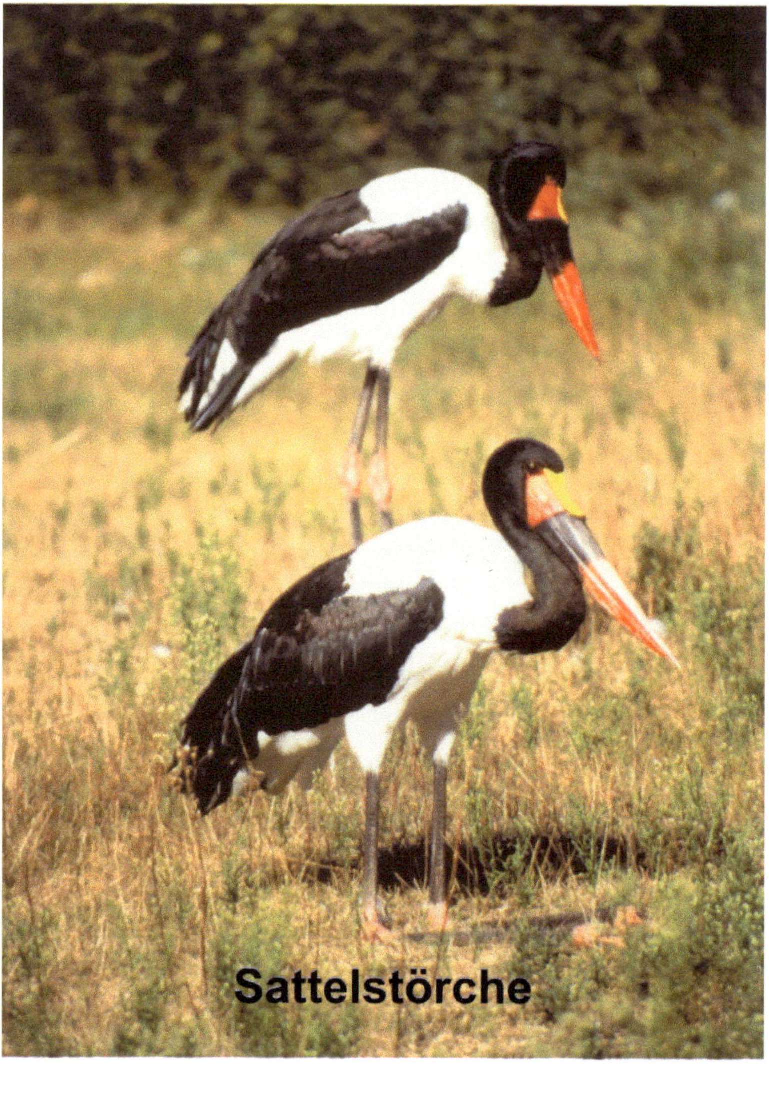
Sattelstörche

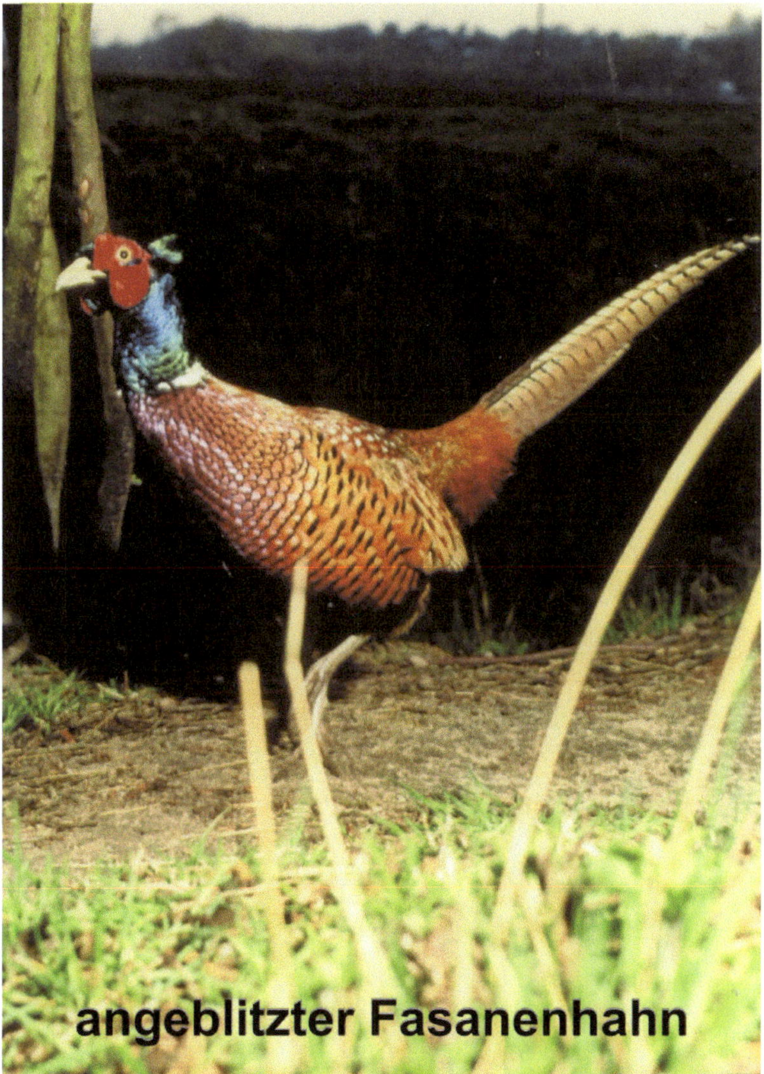
angeblitzter Fasanenhahn

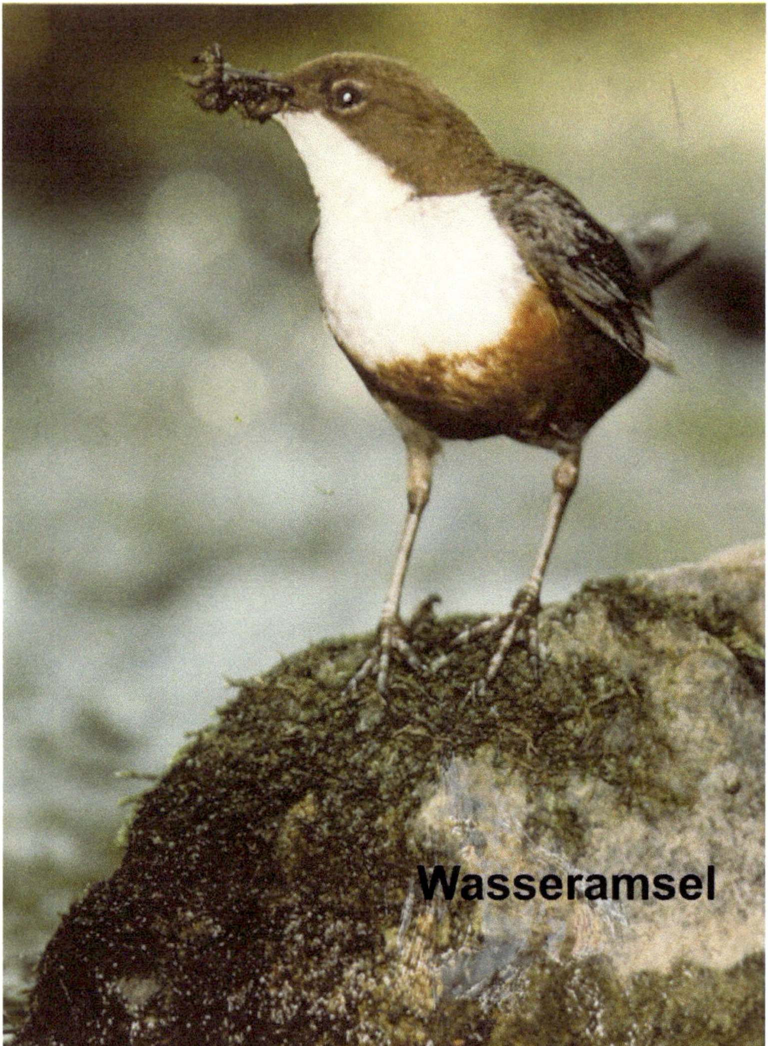
Wasseramsel

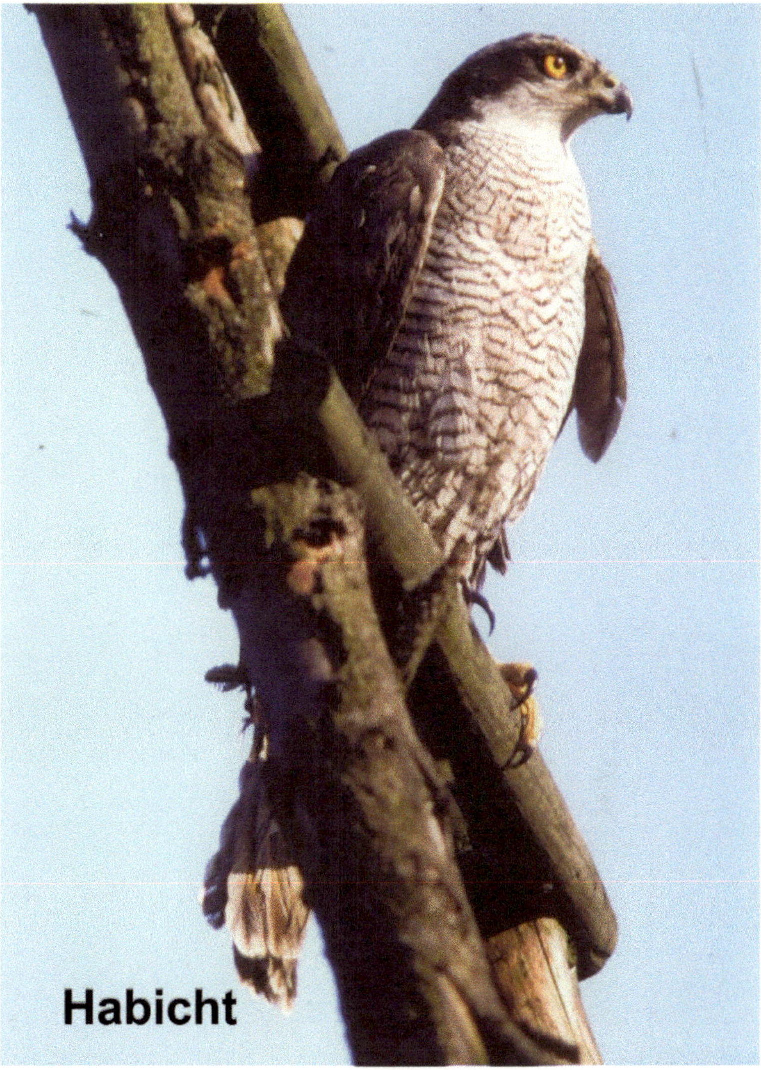

Habicht

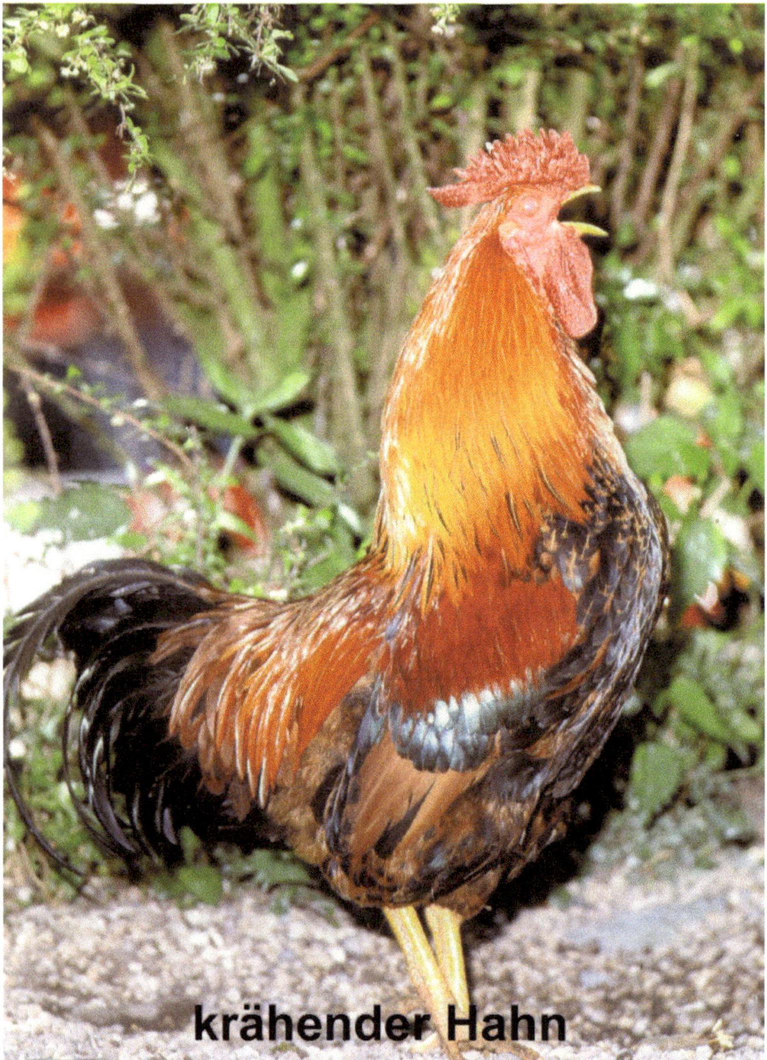
krähender Hahn

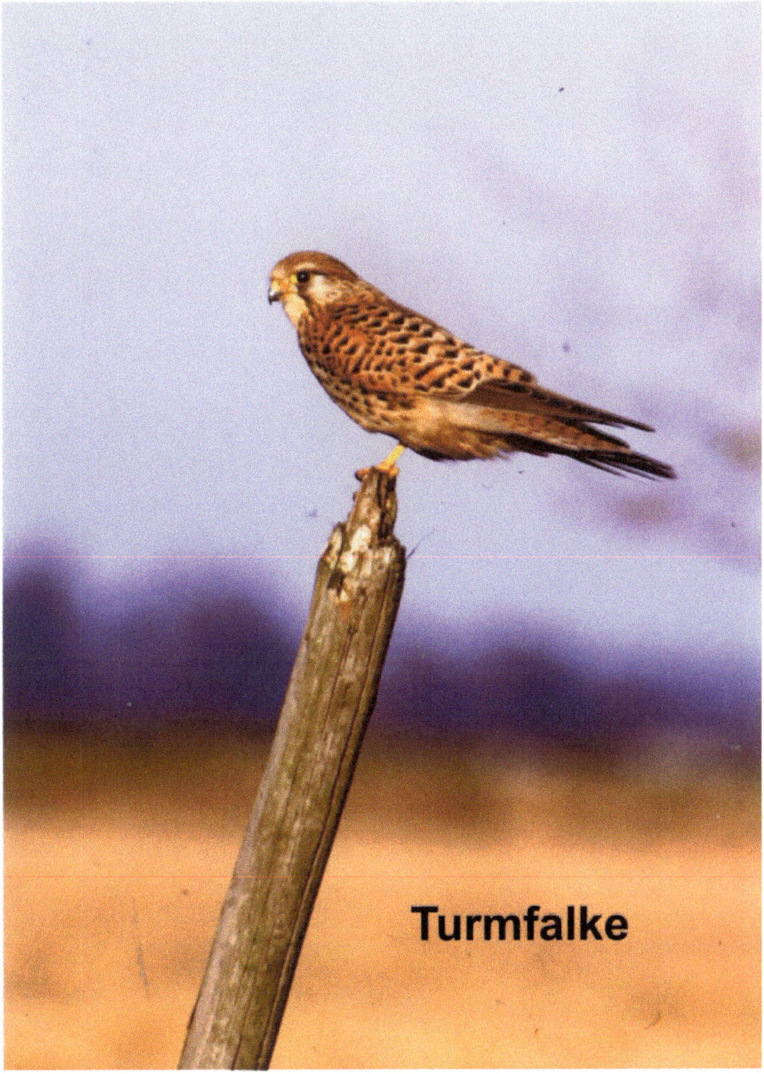
Turmfalke

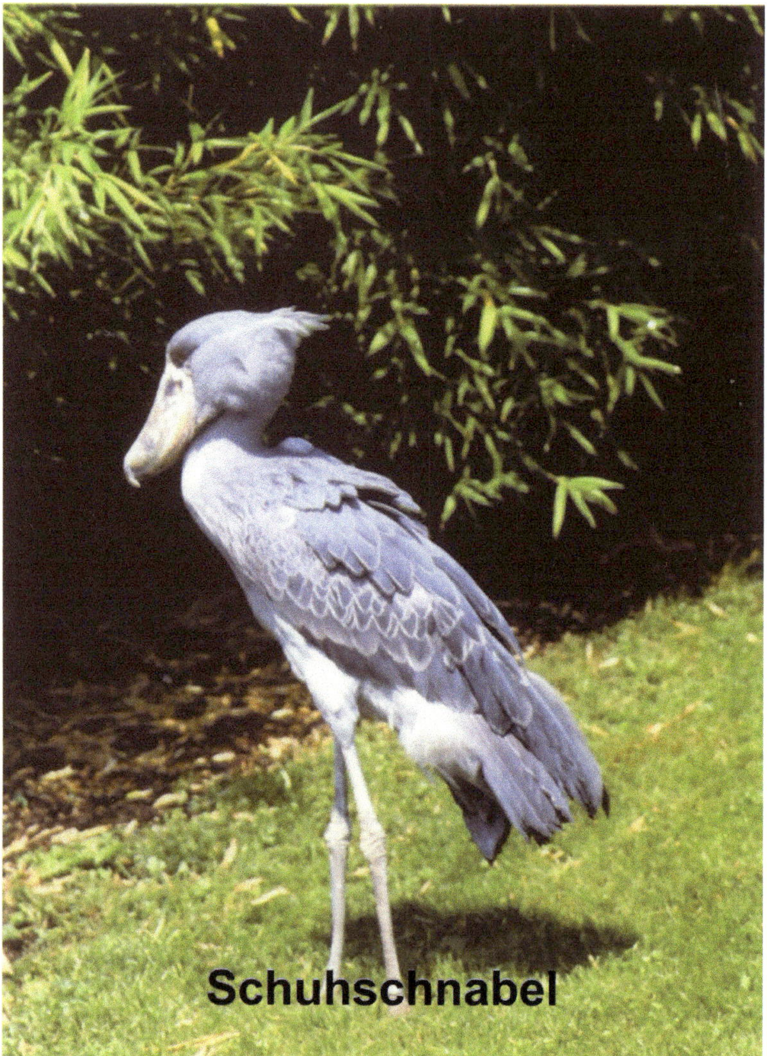
Schuhschnabel

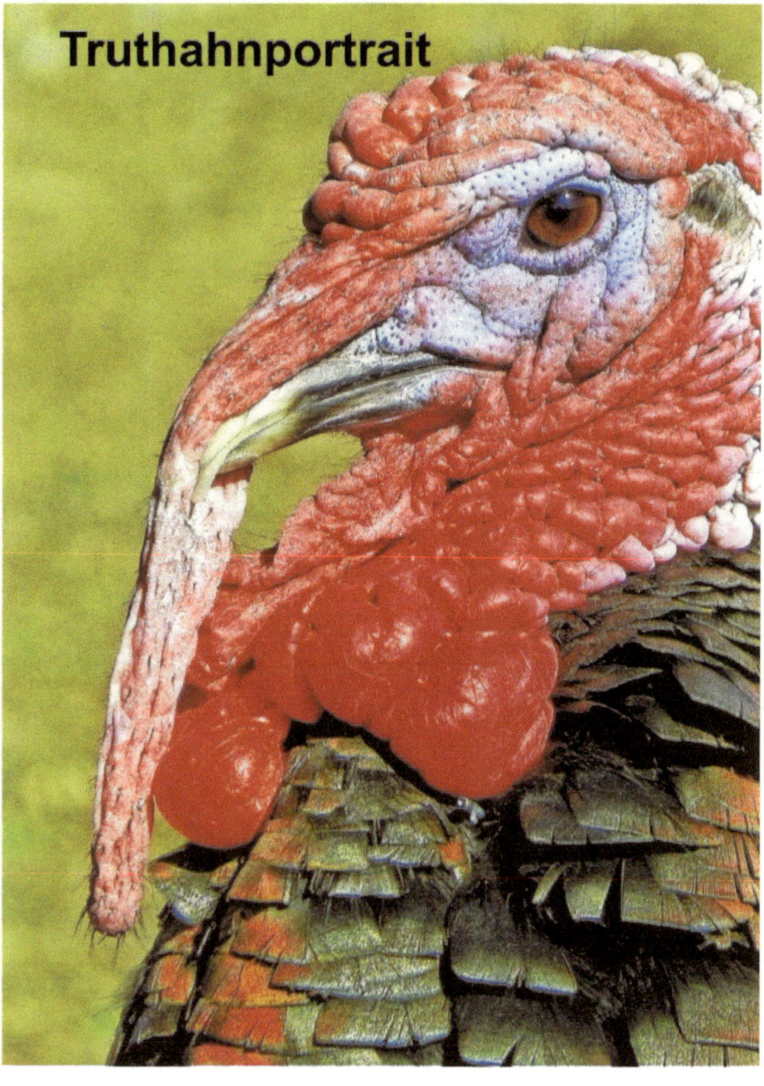
Truthahnportrait

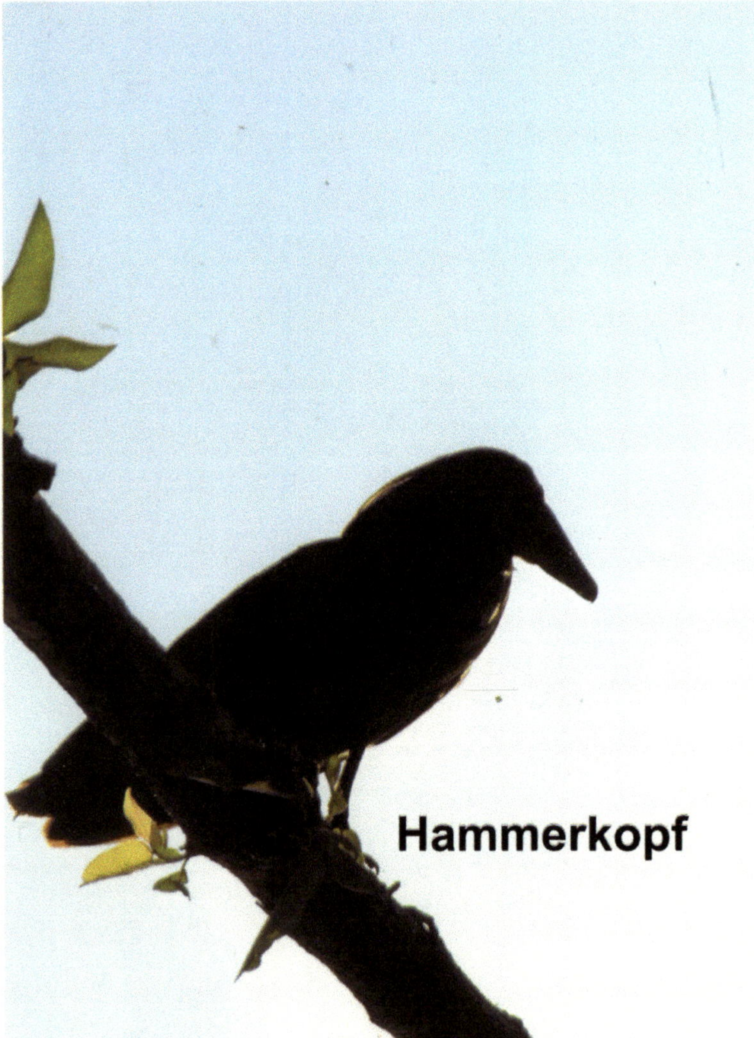
Hammerkopf

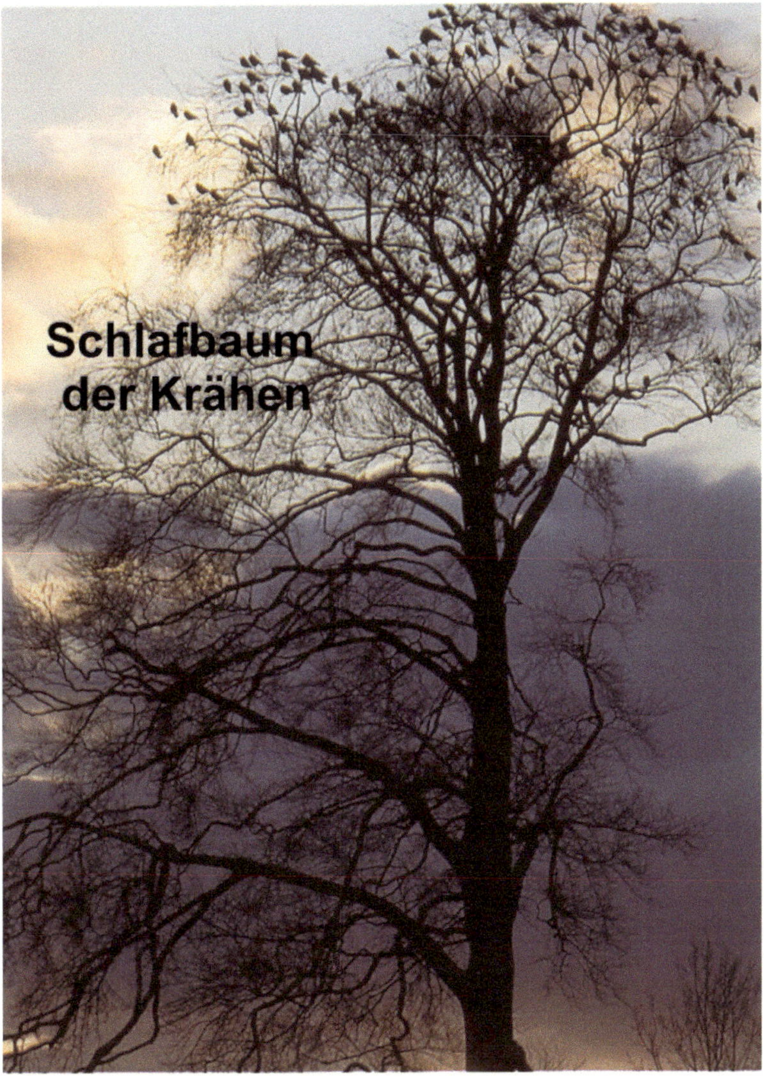
Schlafbaum
der Krähen

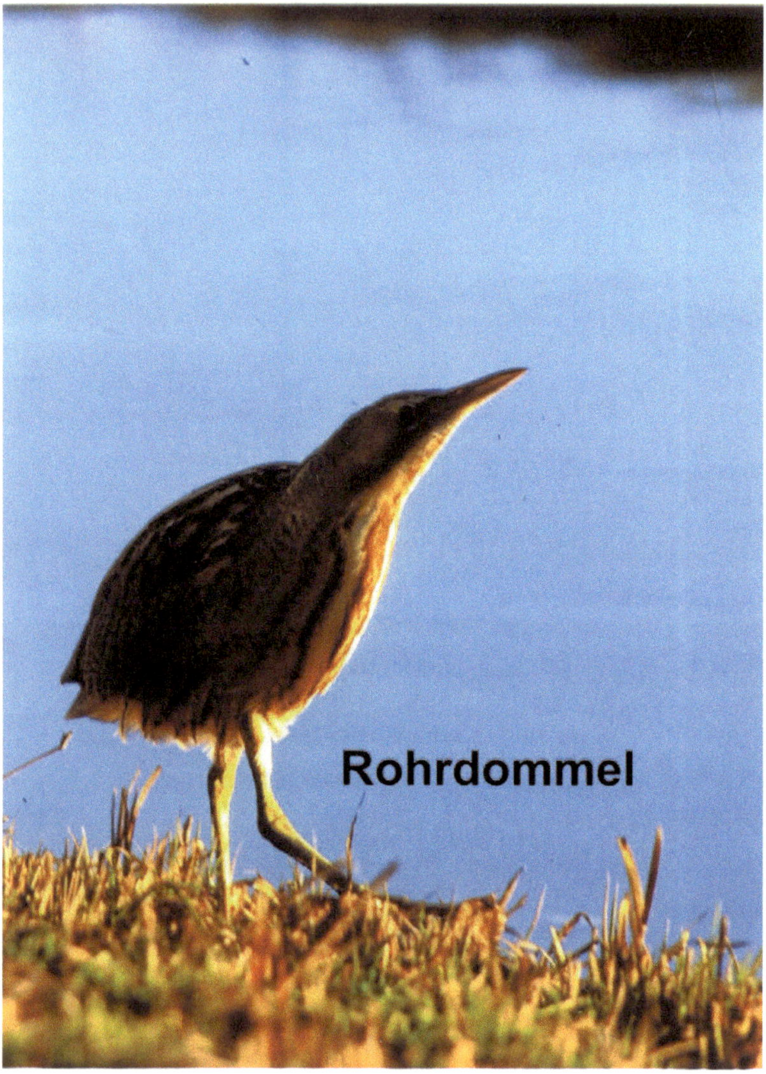
Rohrdommel

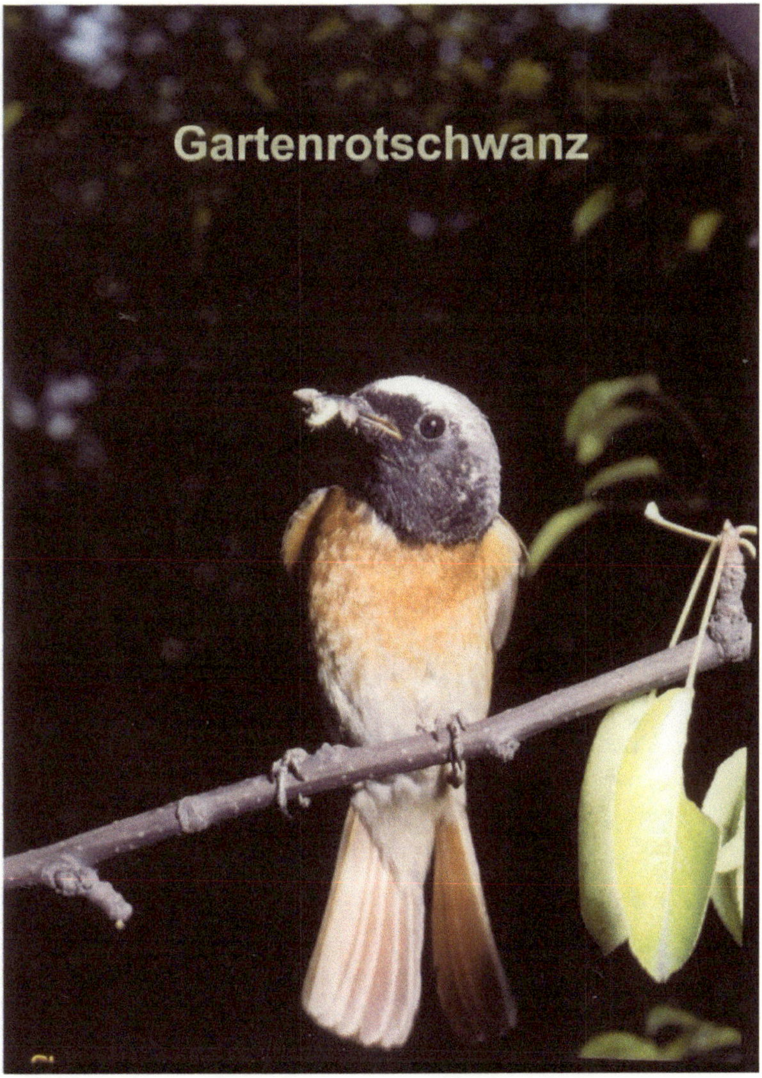
Gartenrotschwanz

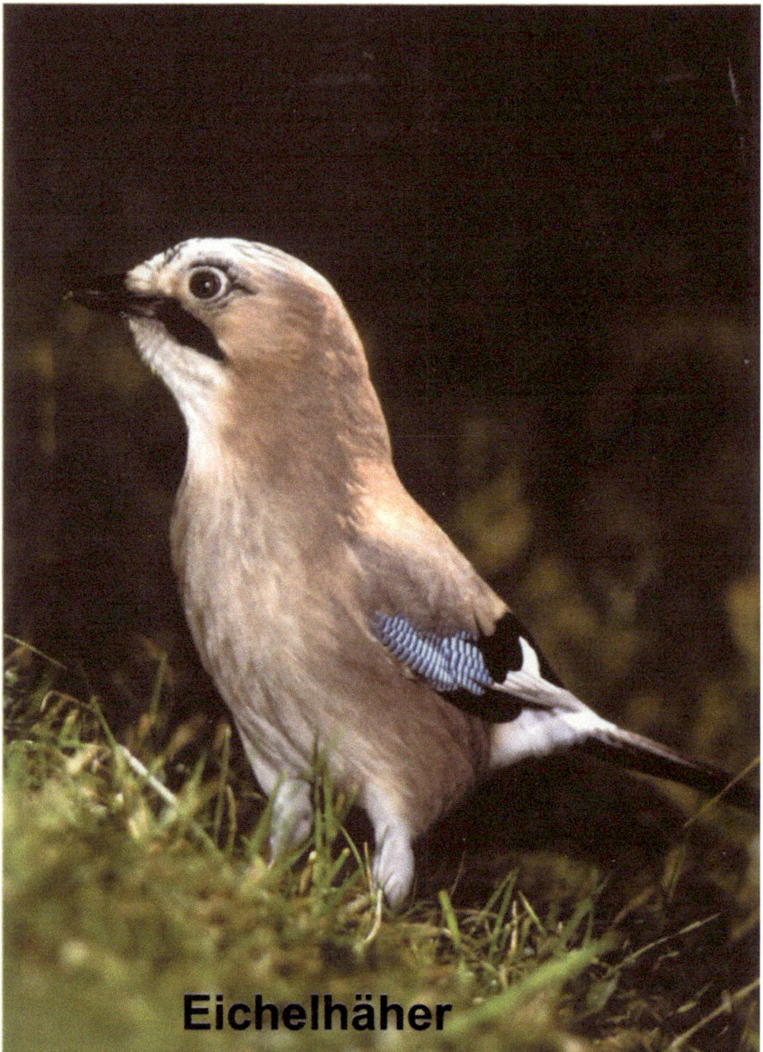
Eichelhäher

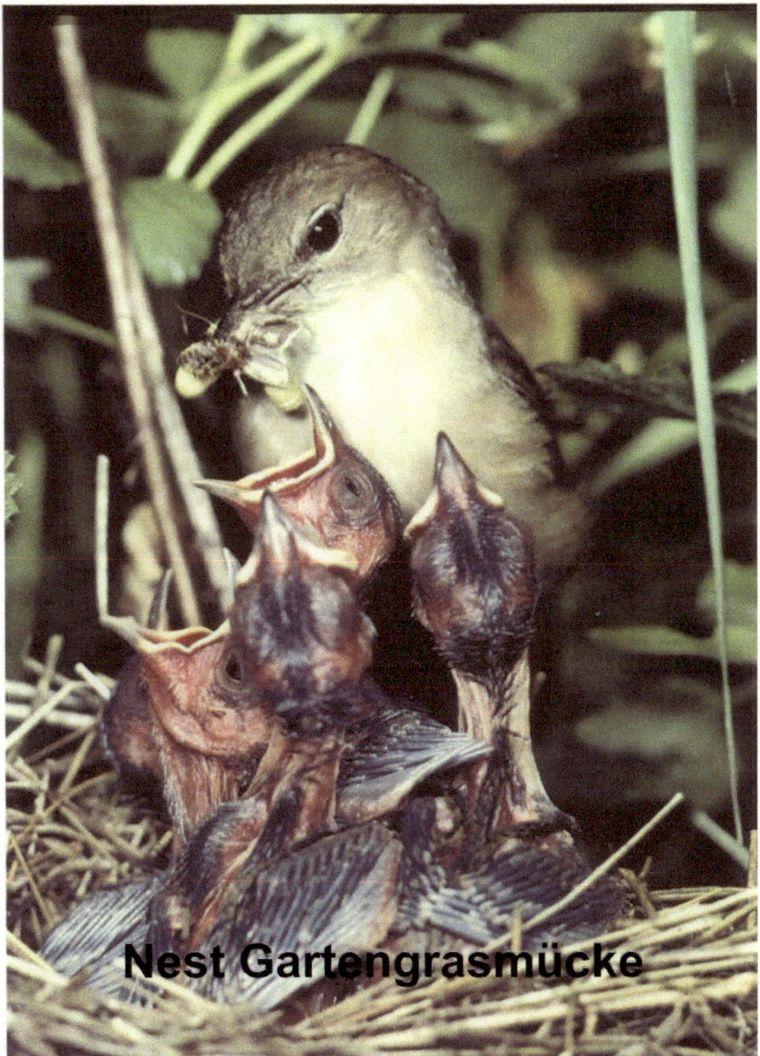
Nest Gartengrasmücke

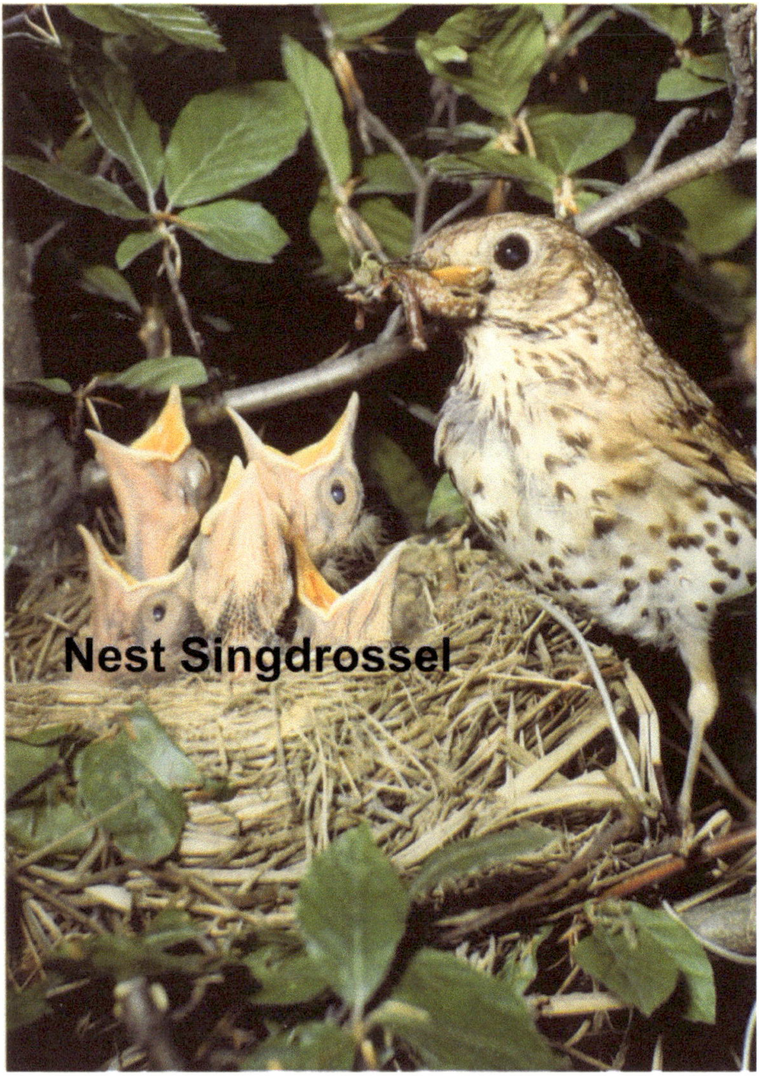
Nest Singdrossel

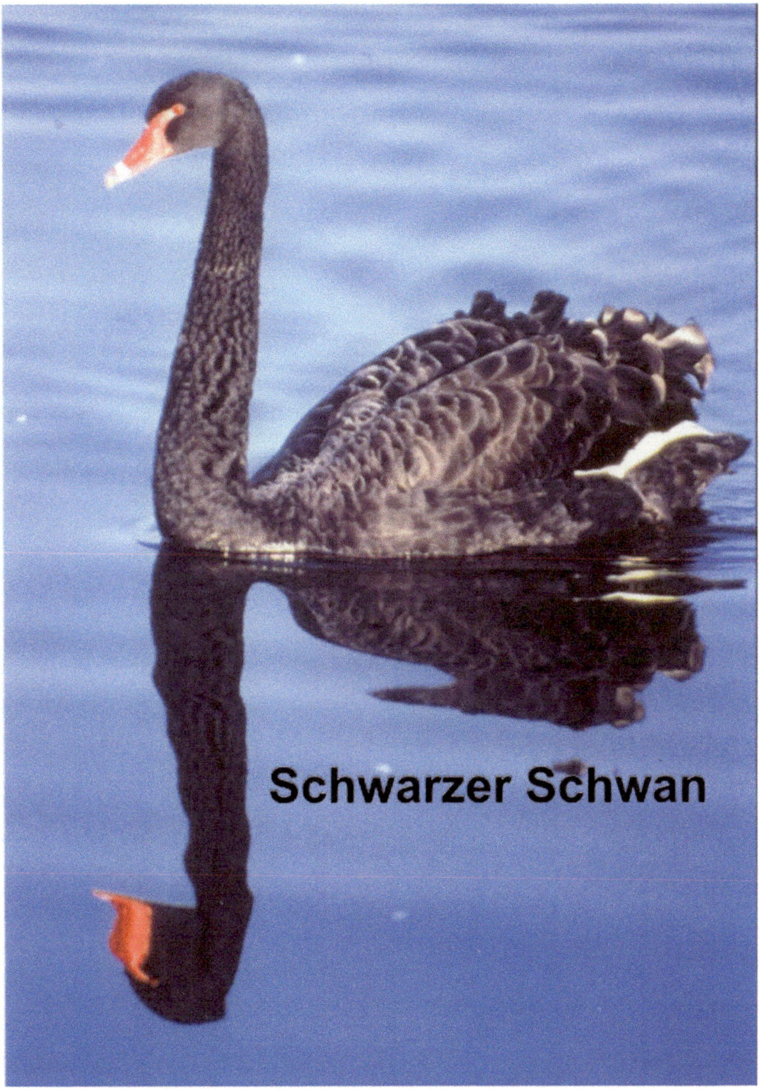
Schwarzer Schwan

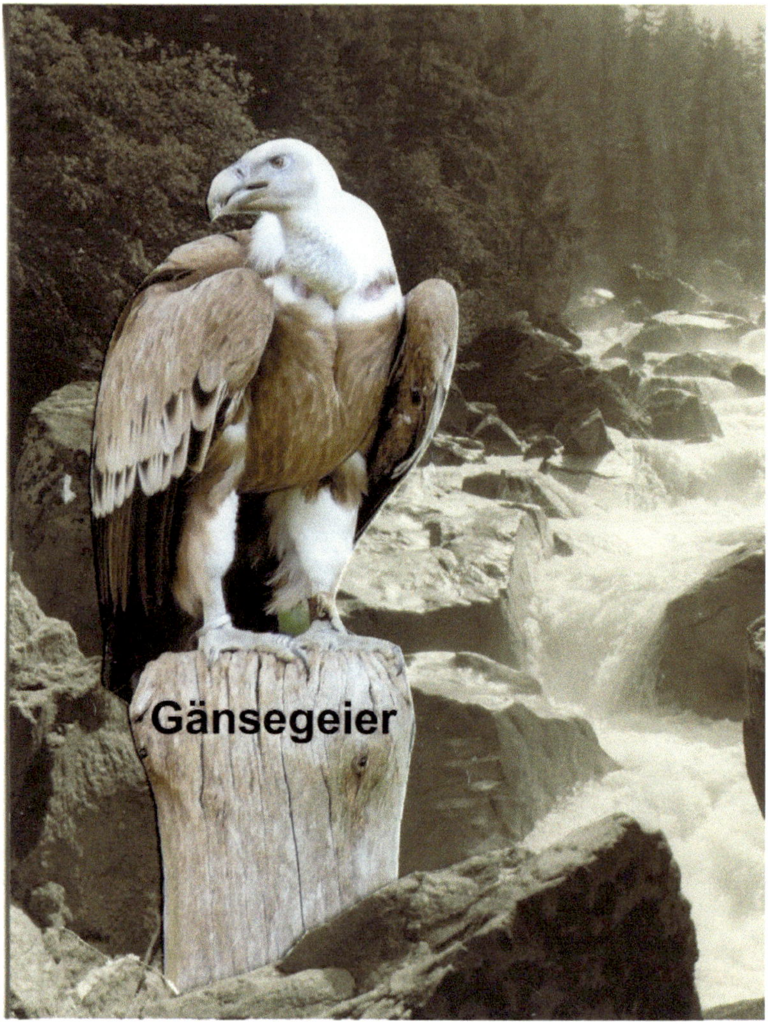
Gänsegeier

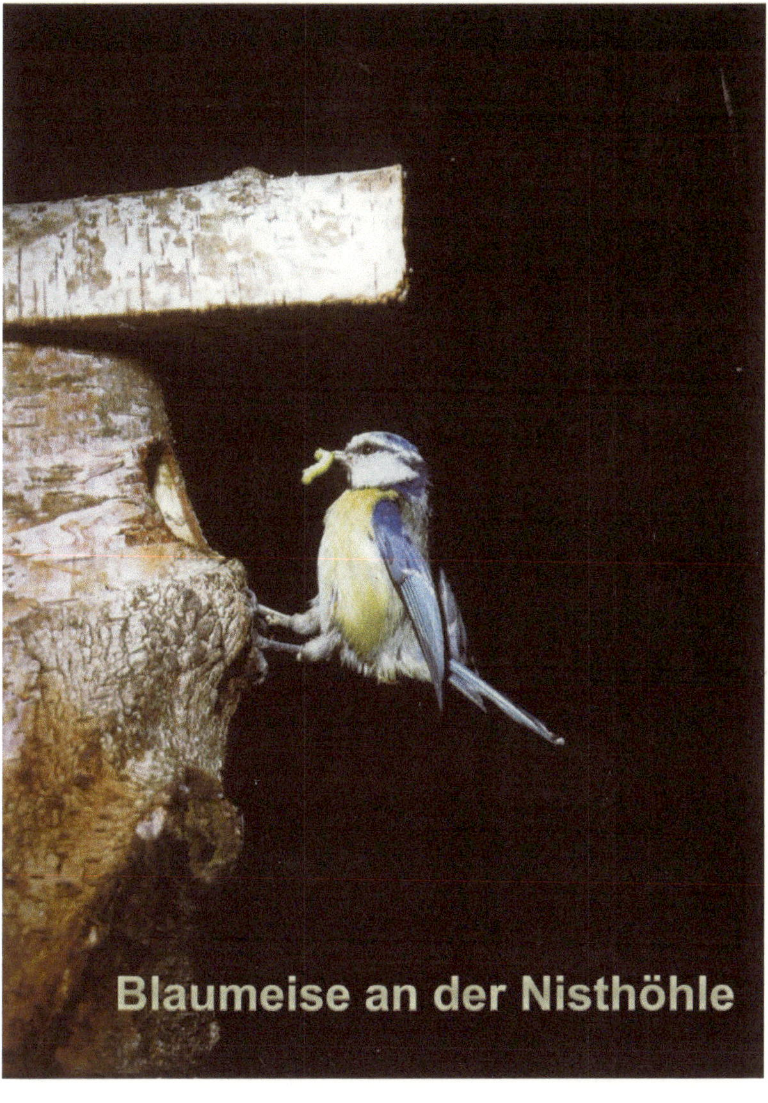
Blaumeise an der Nisthöhle

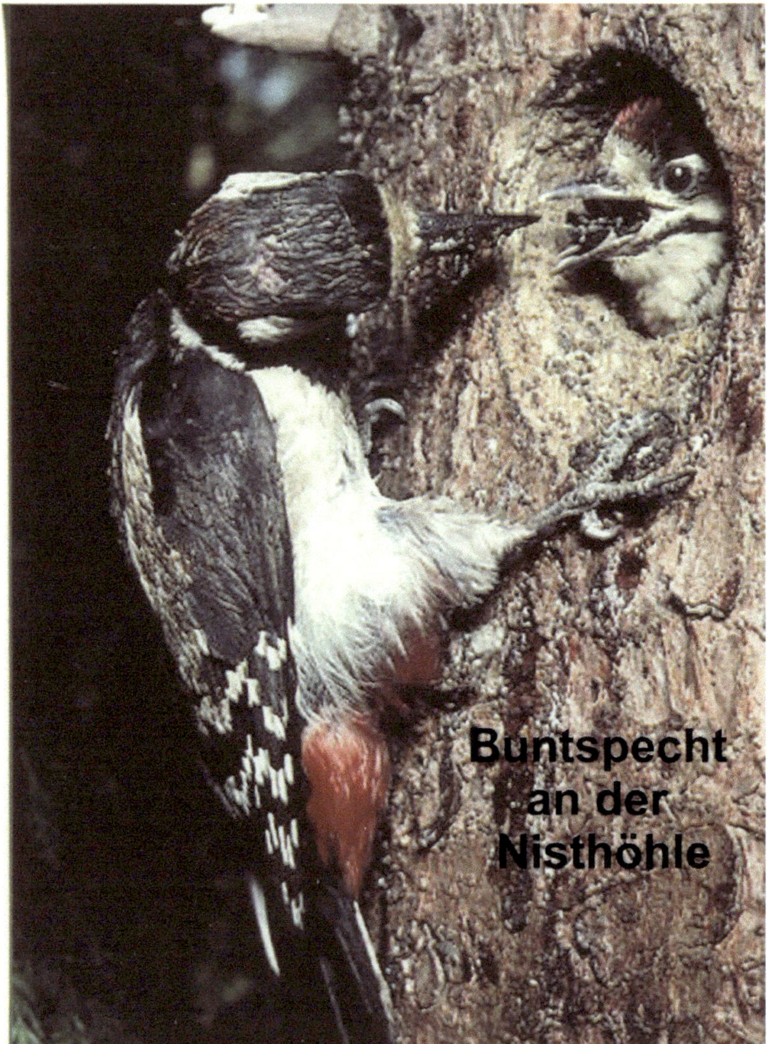
Buntspecht
an der
Nisthöhle

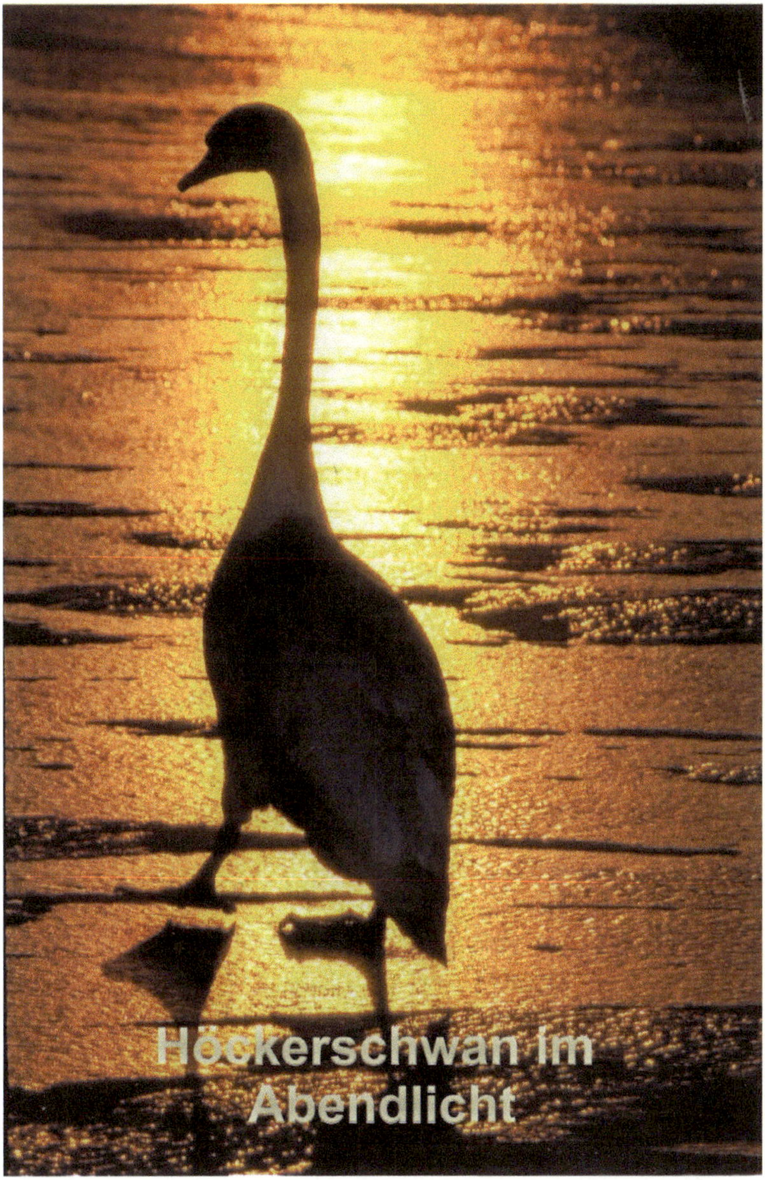
Höckerschwan im
Abendlicht

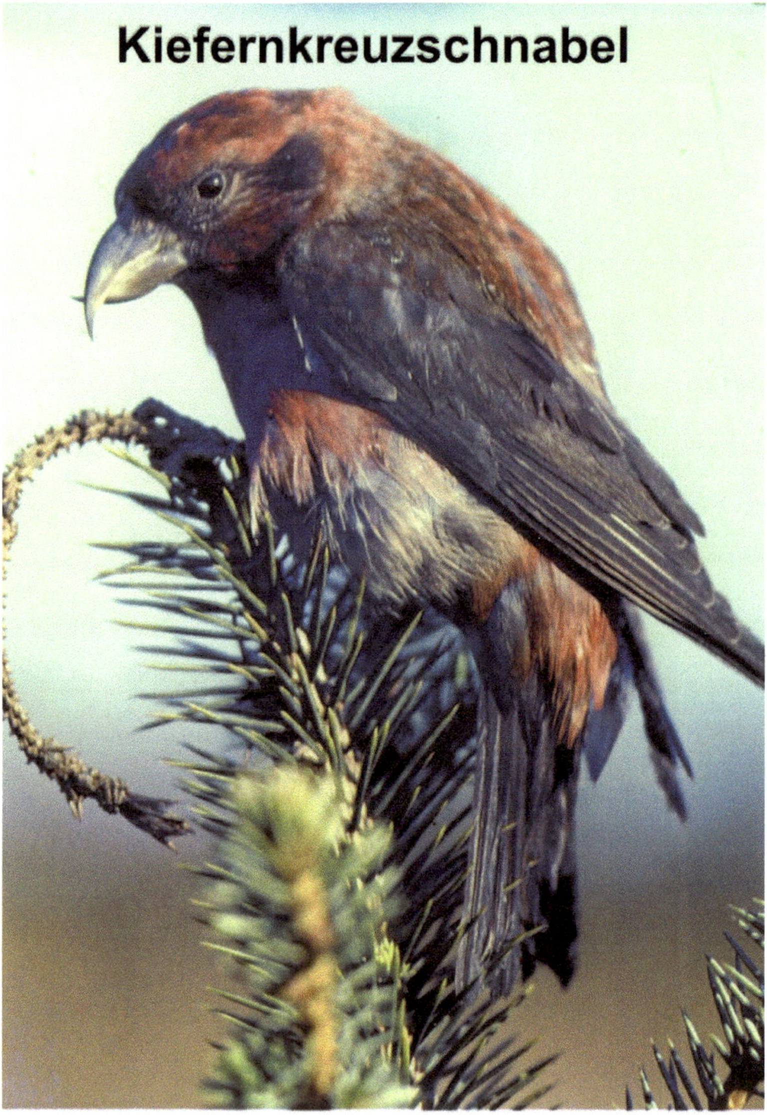
Kiefernkreuzschnabel

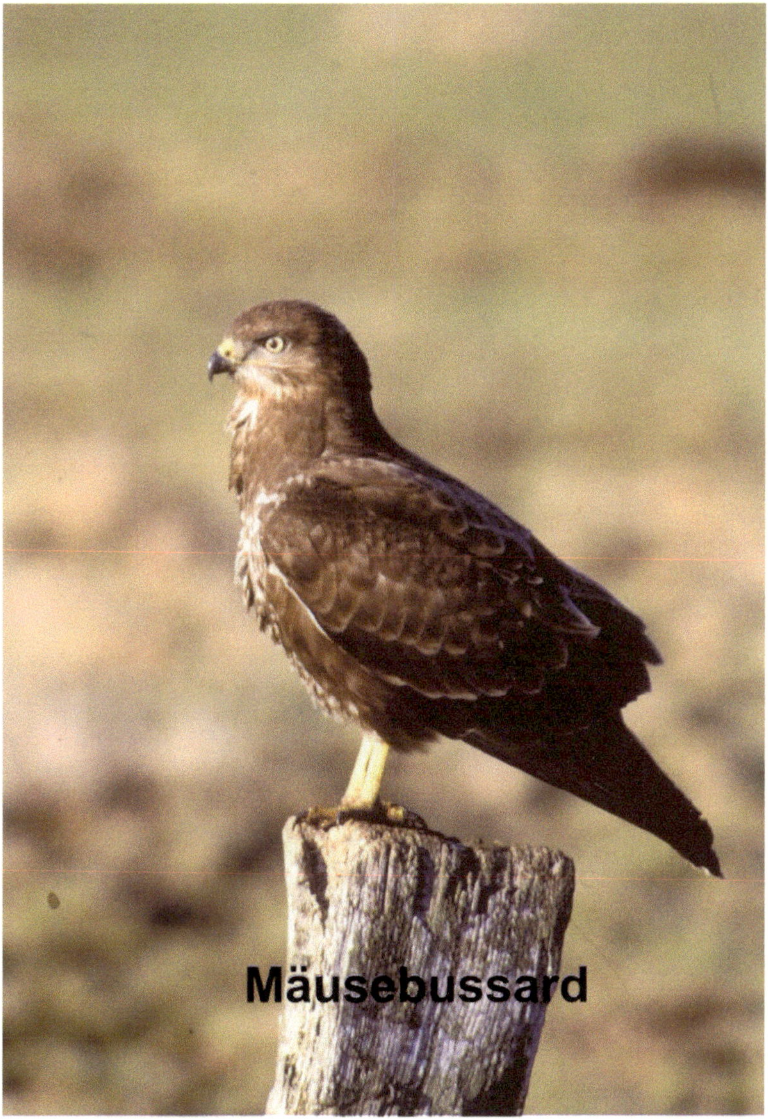
Mäusebussard

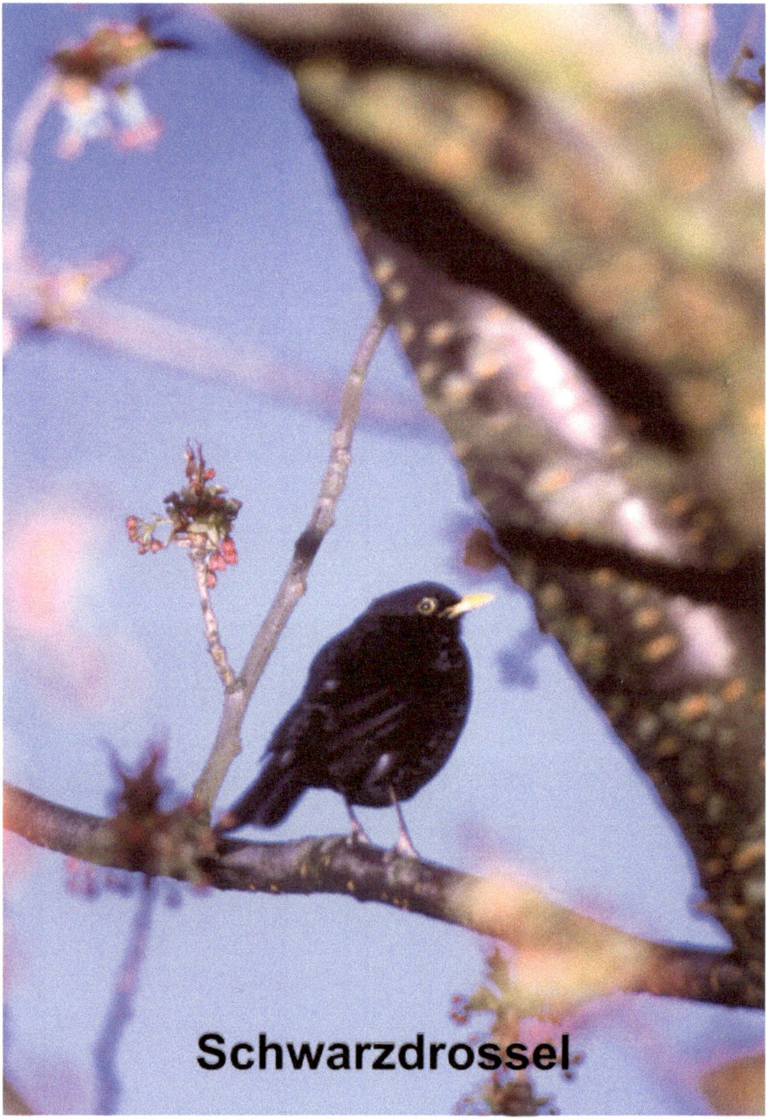
Schwarzdrossel

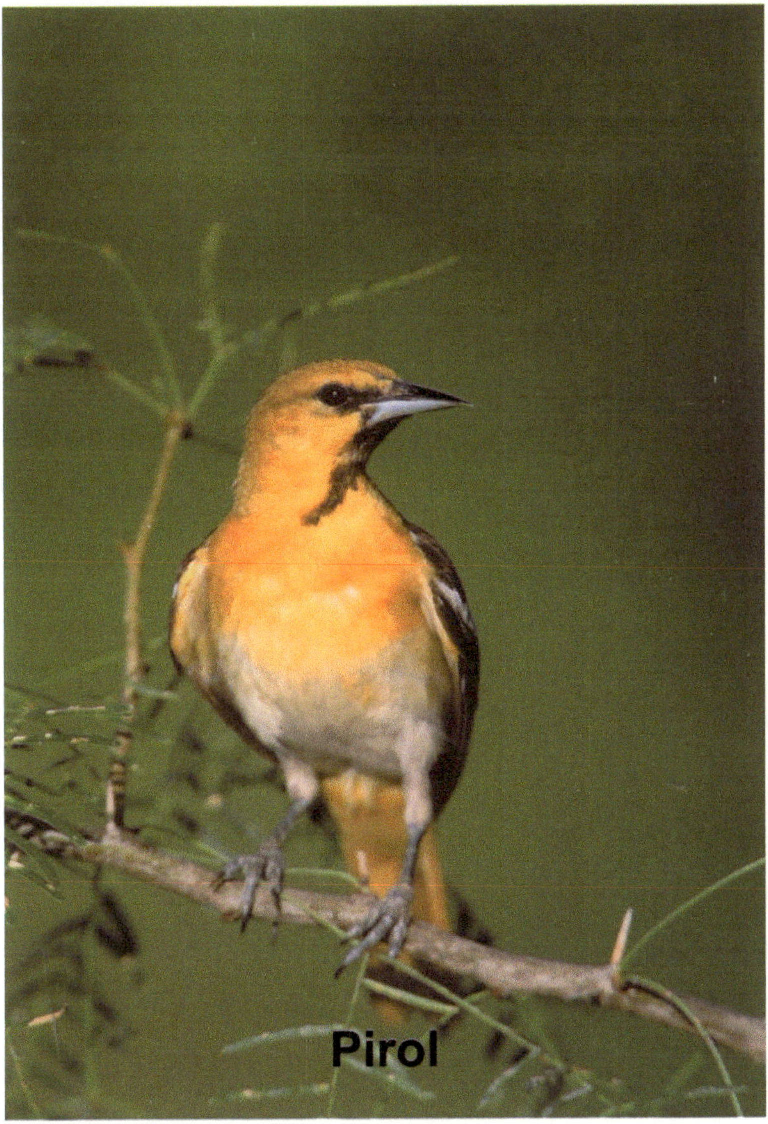
Pirol

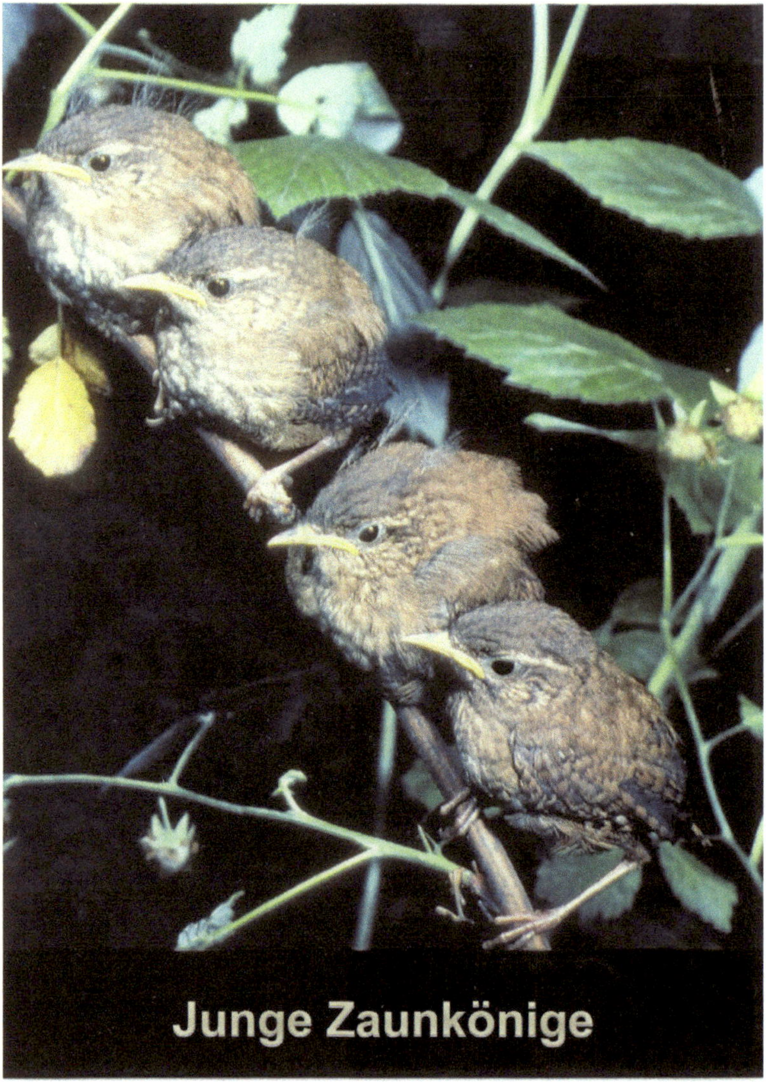

Junge Zaunkönige

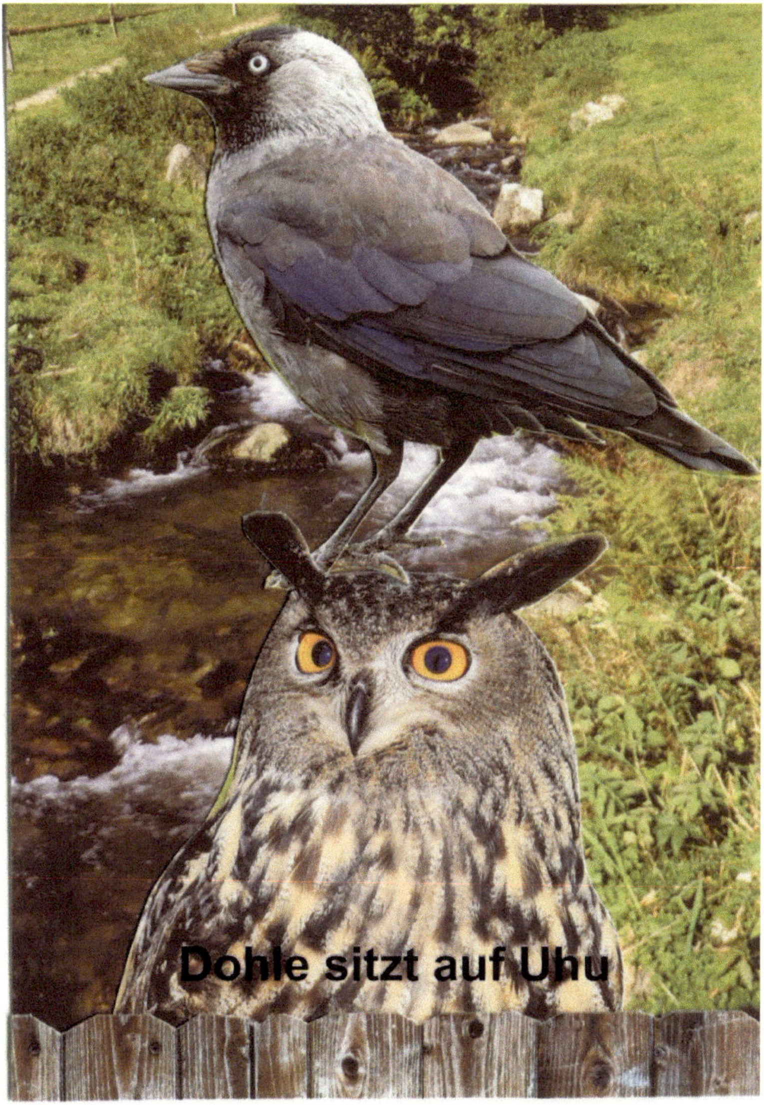
Dohle sitzt auf Uhu

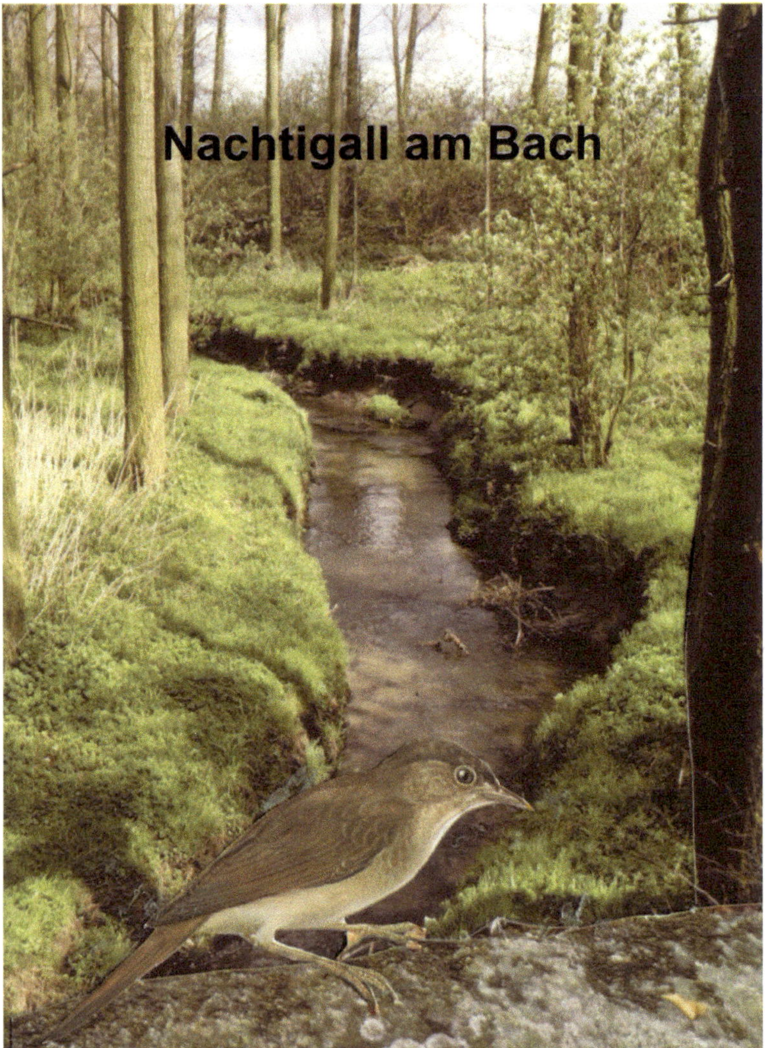
Nachtigall am Bach

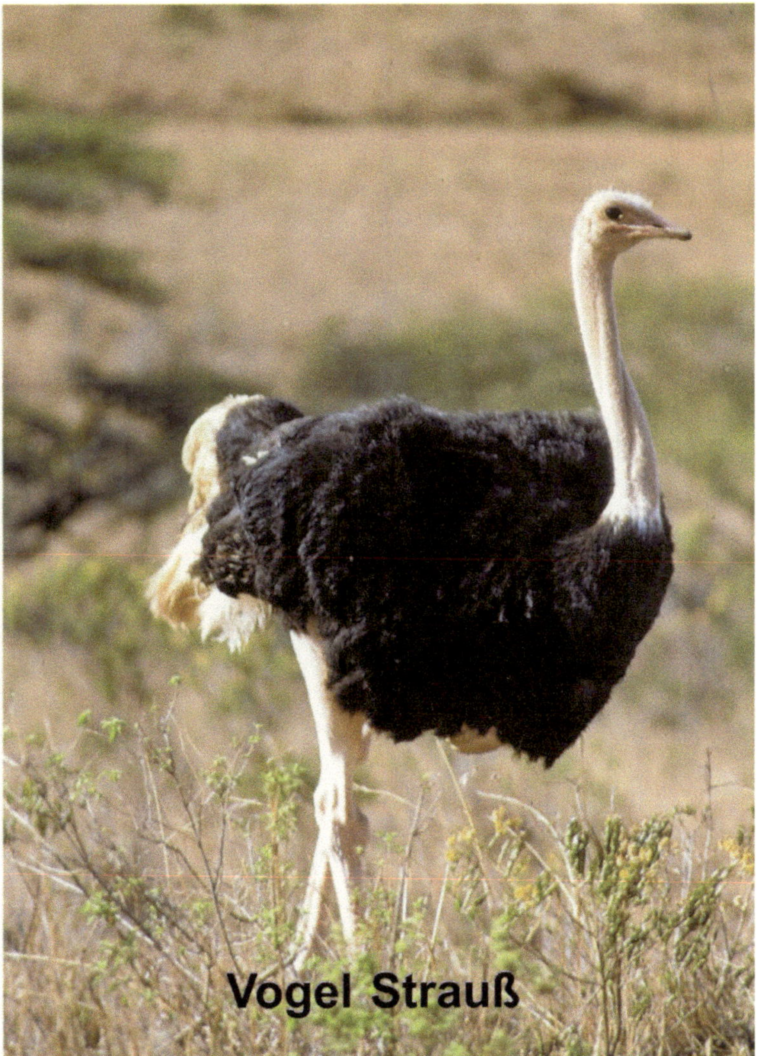
Vogel Strauß

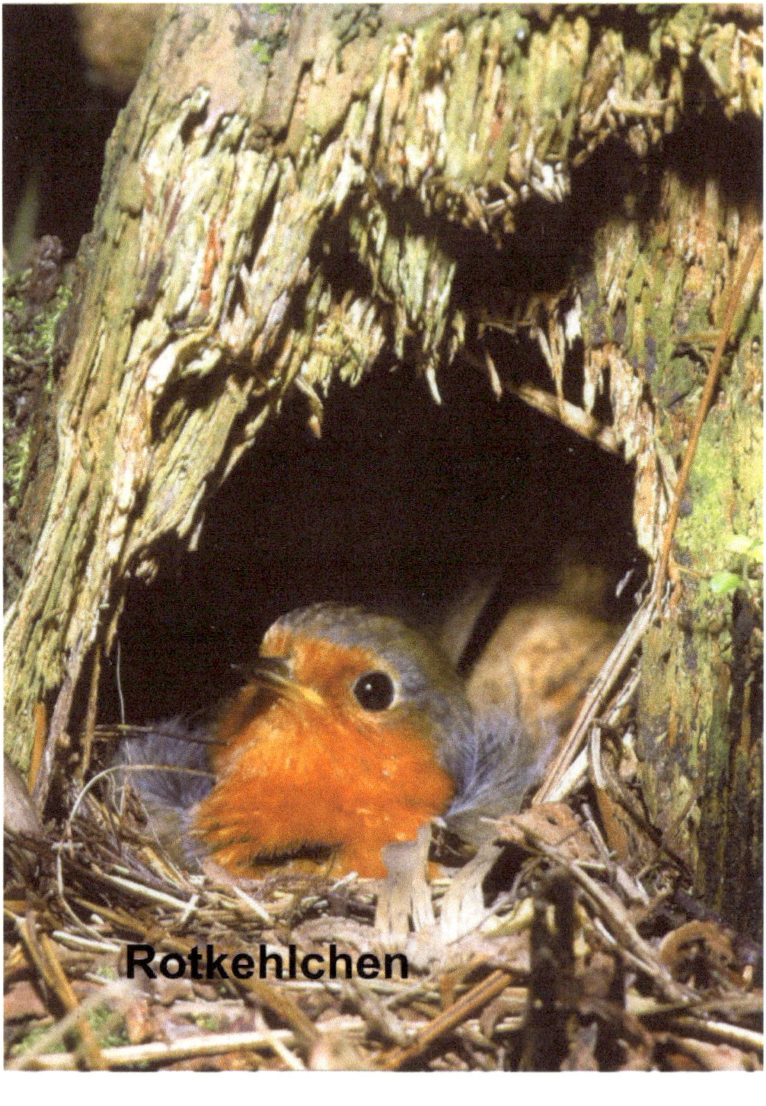
Rotkehlchen

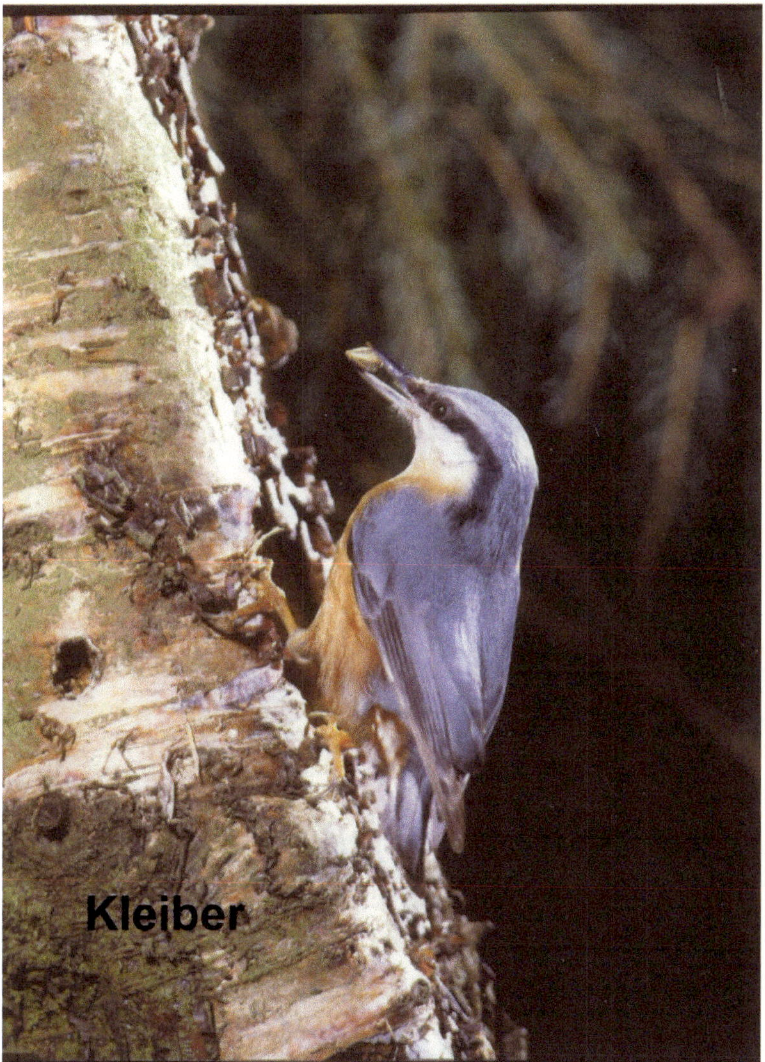
Kleiber

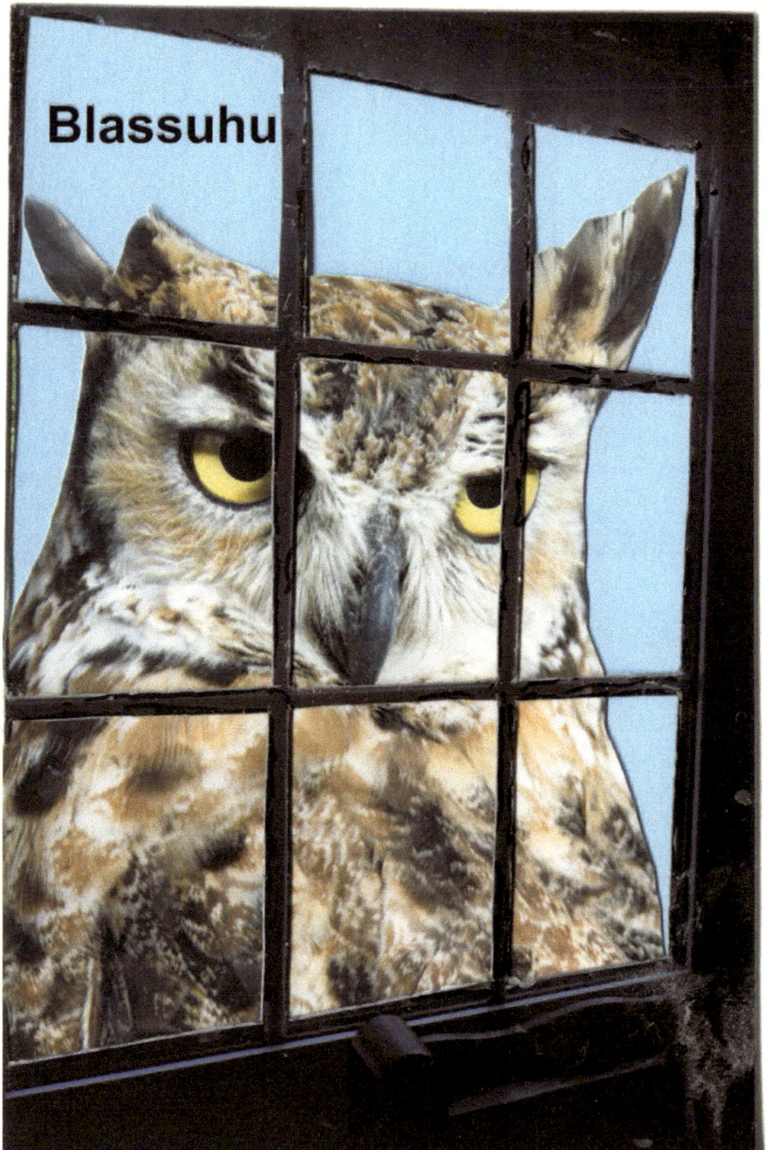
Blassuhu

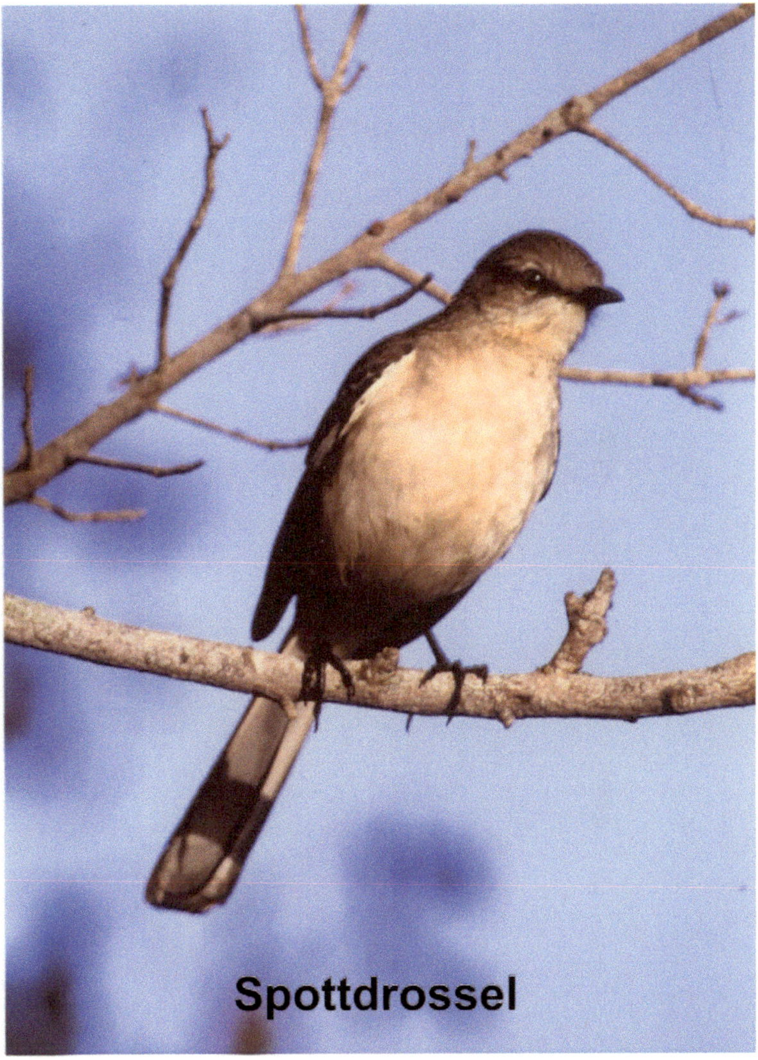

Spottdrossel

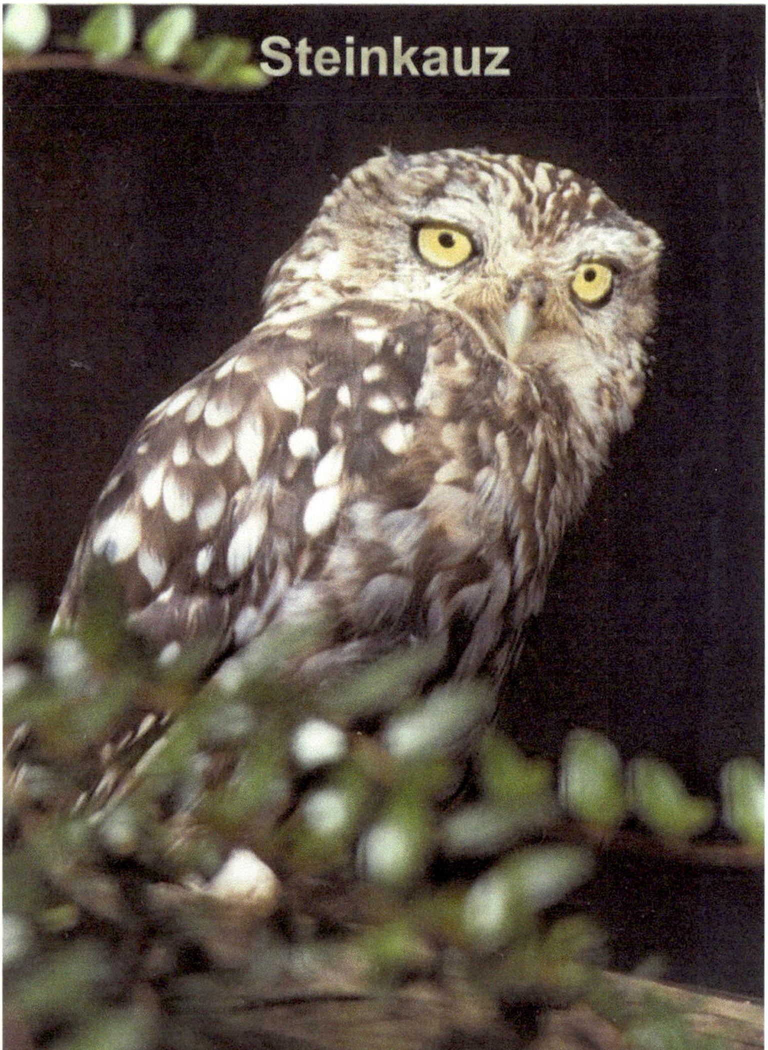
Steinkauz

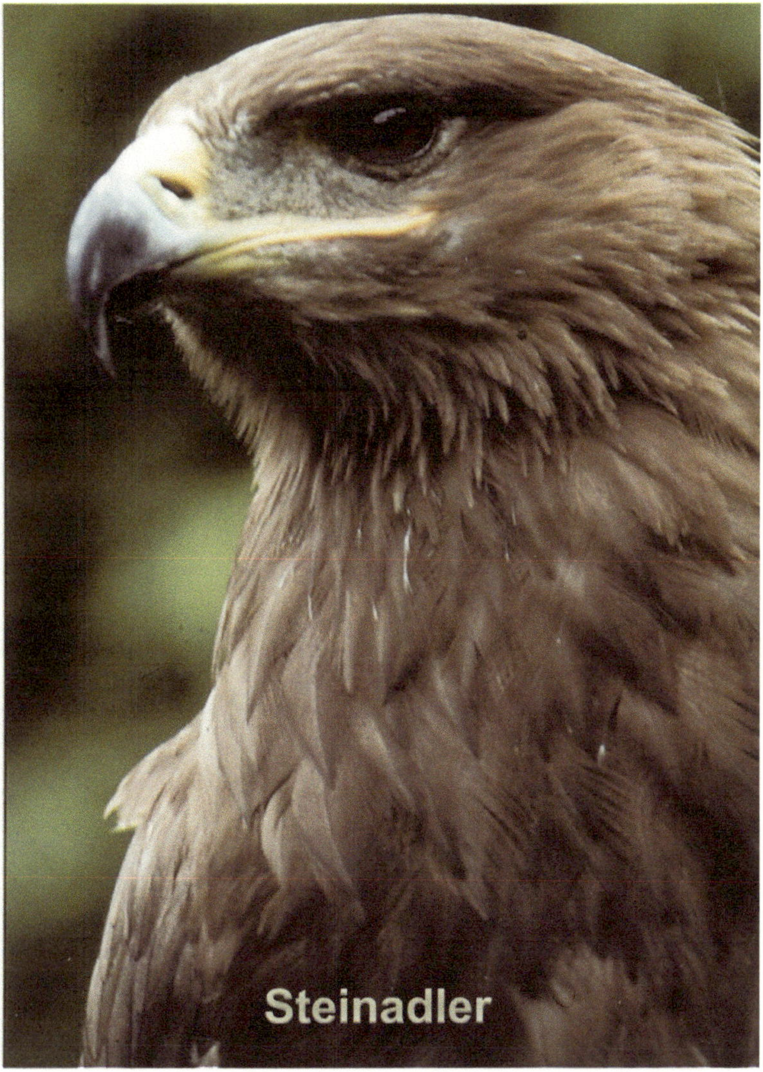
Steinadler

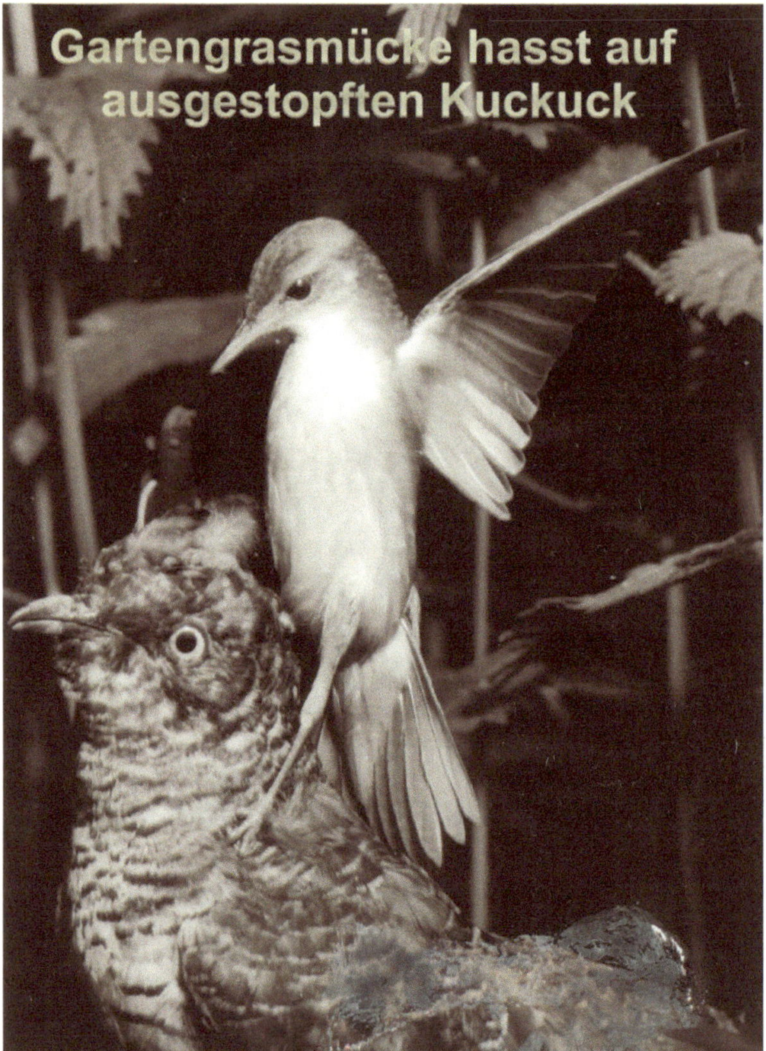
Gartengrasmücke hasst auf
ausgestopften Kuckuck

N

Unter den N-Vögeln haben wir einen kleinen ziemlich grausamen Burschen vorzustellen, den **Neuntöter**. Er besitzt noch einen wenig schmeichelhaften Namen: Rotrückenwürger, und erst sein dritter Name weist auf seine Tätigkeit hin, Dornendreher. Wenn ihn heute nur wenig Leute kennen, liegt das an uns, den Leuten: Vorzüglich Landwirten, die aus einer früher gut aufgeteilten und sehr abwechslungsreichen Landschaft mir relativ kleinen Feldern für Kartoffeln und Getreide Maissteppen gemacht haben. Viele Feldwege, die immer schon gute Spazierwege und von Hecken und anderen Buschbeständen gesäumt waren, sind asphaltiert worden, um überdimensionalen Traktoren und riesigen Erntemaschinen Möglichkeiten zur Fortbewegung zu geben. Damit haben diese Feldvögel, zu denen der Neuntöter gehört, „ihre Möglichkeiten" zum Fortleben verloren. Einher geht die Unmöglichkeit, Nahrung zu finden.

„Wo nix is", sagte ein alter Bauer zu mir, „da is nix!"

Das ist wörtlich zu nehmen. Wer von unseren Singvögeln nur von fleischlicher Kost lebt, muss Zugvogel werden. Wenn man diesen drosselgroßen Singvogel näher betrachtet fällt auf, dass sein Oberschnabel den typischen Haken eines Greifvogels besitzt, und da sind wir seinem Charakter und seiner Tätigkeit schon nähergekommen: Er ist ein Räuber. Aber einer mit Vorsorge für später. Heute sieht man diese Dornenhecken kaum noch, auf denen er diese Vorsorge betreibt. Da konnte man dann seine aufgespießte Beute bewundern: Käfer, Insekten wie Libellen, Maikäfer, Mäuse, junge Vögel, Heuschrecken und Kleinfrösche fein säuberlich auf die stärksten und längsten Dornen gespießt. Manche noch lebend, und das Männchen saß daneben und trällerte sein Lied.

Neuntöter brüten nur einmal in der Saison. Denn er hat es eilig, kommt erst Ende April aus dem Winterquartier zurück und verlässt uns bereits Mitte August. Dann hat er die meisten seiner Opfer längst vergessen, deren Reste der erste Herbststurm von den Dornen fegt. Vogelbücher erwähnen, dass das Weibchen so fest auf den Eiern sitze, dass man es samt Nest forttragen könne. So weit wollte ich meinen Versuch nicht treiben, aber meinen rechten Zeigefinger doch so nah wie möglich heranführen. Sie pickte ihn wütend an und erhob sich vom Gelege – das genügte mir. In den 50er- und 60er-Jahren galt es noch als normal, wenn „Vogelliebhaber" mit großen Volieren im Garten sich ihre Insassen selbst fingen und zu halten versuchten. Einer zeigte mir seine kunstvoll und sehr natürlich angelegte Voliere, deren Bewohner er eben mit einem männlichen Neuntöter aufgefrischt hatte. Schon am anderen Tag ließ er ihn wieder frei, weil er Meisen, Dompfaffen, Grasmücken und Spatzen, - sie alle hausten dort -, umgebracht hatte.

Eines nicht guten Tages gegen Spätnachmittag fanden wir vor unserer Gartentür einen Vogelkäfig, in dem zwei fast flügge junge Neuntöter saßen. Sie hockten eng beieinander und machten einen apathischen Eindruck. Normalerweise hätten sie hungrig sein und ihre Schnäbel aufsperren müssen, als ich ihnen mit der Pinzette einen Happen vorhielt. Der telefonisch konsultierte Tierarzt riet, „als letzte Hilfe" ihnen rohes Eigelb mit einer Pipette einzugeben. Das tat ich. Sie rappelten sich sogar etwas auf und piepten etwas, fielen aber Minuten später vom Sitzplatz und waren tot.

„Sie sind an Mangelernährung eingegangen", sagte der Tierarzt, „denn es ist für einen Menschen dasjenige fast undurchführbar, was die Elterntiere instinktiv richtig machen: Ein natürliches, aus vielen Elementen bestehendes Futter heranzuschaffen."

So leicht die Neuntöter zu fotografieren waren, so pingelig war unser lieblichster Sänger der Vogelwelt: die **Nachtigall**. Ich hatte keine Zeit auszuprobieren, ob dieser Melodienkünstler sich an mich und meine Kameras gewöhnen könne wie andere Vogelarten. So lange ich mich in Sichtweite befand, schwieg das Männchen beharrlich und auch das Weibchen kam nicht aufs Nest zurück. So ließ ich das Paar gewähren und hoffte, dass sie alle mit ihren Jungen beim Zug nach Süden, der Anfang August beginnt, in Italien nicht abgefangen und von so genannten Gourmets aufgegessen werden...

O

Dieses Schicksal erleidet nämlich noch immer der einzige O-Vogel, den ich vorstellen kann, der **Ortolan** oder die Gartenammer. Fotos gelangen mir nicht, darum habe ich eine alte Zeichnung beigefügt. Ich habe es bisher vermieden, meine Leserschaft mit Horrormeldungen in Bezug auf Vögel zu konfrontieren - jetzt gebe ich diese Zurückhaltung auf.

Der Ortolan wird von herzlosen Schlemmern auch „Fettammer" genannt, doch nur, wenn sie bei Tisch sitzen und ihn in einem Stück in den Mund stecken! Vorher ist er 14 Tage gemästet worden. Doch in einer so teuflischen Art und Weise, dass man ihm vorher die Augen ausstach, damit er Tag und Nacht nicht mehr unterscheiden kann und damit mehr Esslust hat. Der Nabu teilt mit, dass im Südwesten Frankreichs jährlich rund 30.000 Ortolane auf ihren beiden Zügen nach Süden und umgekehrt in Netzen und Leimruten trotz Verbots des Staates gefangen werden – neben vielen anderen Vogelarten, die den Weg übers Mittelmeer in seiner vollen Breite zu vermeiden suchen. Wir enthalten uns jeden Kommentars und stellen nun einen P-Vogel vor, der in seiner fast tropischen Schönheit einzigartig ist.

P

Er heißt **Pirol,** wird wenig gesehen, oft gehört und hat sich im Volksmund einige Kosenamen erworben: Goldamsel, Pfingstvogel und Schnickelchen. Das Nest, welches beide Partner bauen, erinnert an tropische Vorbilder, denn es wird in jenen Winkel des Geästes geflochten, der entsteht, wenn ein gleichstarker Ast sich abzweigt. So hängt es tief durch und wird bei Stürmen stark durchgeschüttelt – bisher habe ich noch keinen Waldkenner kennengelernt, der ein abgestürztes Nest gefunden hat. Pirole sind reine Sommergäste bei uns, die spät kommen und früh gehen. Mit meinem guten Fernglas habe ich manches Nest in Pappeln, Buchen, Eichen und Birken beobachtet und auch einzuschätzen versucht, wie groß das Risiko ist, sich in einen Nachbarbaum zu setzen, um zu guten Fotos zu kommen – zu gefährlich für mich, obwohl der Revierförster des Klosterholzes alle Hilfe zum Erklettern eines Baumes bot. Eigentlich schade, denn ich hätte auch ein Tonbandgerät mitgenommen, um seinen herrlichen Morgen-, Mittags- und Abendgesang aufzunehmen.

Ich gleiche diese kurze Abhandlung mit einer handfesten aus, die es in sich hat, weil auch der vorgestellte Kandidat ein handfester Kerl ist: der **Puter**, auch Truthahn genannt. Die folgenden Ereignisse spielen in meiner frühen Laufbahn als werdender Landwirt. „Trutti“, ein Puter, der nicht nur auf dem Weihnachtstisch noch eine gute begehrenswerte Figur gemacht hätte, sondern auch auf einem Laufsteg inmitten hübscher Modedamen. Ich weiß nicht, wie viele meiner Leser den Begriff „Stenz“ kennen – dieser ist im Internet nachzulesen. Bleiben wir also beim „Angeber“, der jedermann geläufig ist.

Auf „meinem“ Hof war Trutti als Wächter angestellt und er war mindestens so aufmerksam und wachsam wie sein vierbeiniger Kollege Nelly. Da kam ich als Neuzugang auf den Hof. Er ging kullernd und zischend auf mich zu, aber weil ich „unerschrocken“ stehen blieb, „verhoffte“ auch er; (verhoffen ist ein Jägerausdruck und bedeutet „abwartend stehenbleiben“). Noch wusste ich nicht so viel vom bäuerlichen Federvieh, dass er mich nicht zu attackieren gedachte, sondern als Balzobjekt ansah. Puter ähneln in dieser Art den Auerhähnen, deren Verhalten ich schon geschildert habe. Im Großen und Ganzen wollte er mich noch nicht akzeptieren und er stellte sich mir in den Weg, wo er nur konnte. So zum Beispiel auch, wenn ich aufs so genannte Häuschen ging. Dann hackte sein derber Schnabel an die Holztür und er schmetterte empörte Rufe über den Hof. Ich setzte mich nun zur Erde, um in einer Blickhöhe mit ihm zu sein und beschloss, mit meinen Bemühungen um Frieden und Einvernehmen zu beginnen.

Womit hatte ich damals vor ein paar Jahren den Schramberger Auerhahn kirre gemacht? Mit dem, was jeder Wandersmann bei sich haben sollte: Kekse. Ich aß diese also derart, dass ihr Knirschen und Knacksen und dazu mein Schmatzen Trutti das Wasser im Schnabel zusammenlaufen ließ – rein bildlich gesprochen! Diese Geräusche elektrisierten ihn zutiefst, so dass er sein Glucksen und Gurren unterbrach, herbeikam und mir den Keks aus der Hand pickte. Seine beiden Ehefrauen, - alle Puter machen in Bigamie -, sahen zu und ließen nun ihre Kinder im Stich, um am Vergnügen teilhaben zu können. Diesen ganz entzückenden Kleinen warf ich ein paar Brösel zu, die sie unter Streitereien unter sich aufteilten. (Übrigens: Kekse hatte ich genug auf Vorrat, nachdem „Leibniz" kostenlosen Nachschub gegen einige Werbefotos bewilligt hatte.)

Seit diesen Puter- und Putenabenteuern dachte ich noch lange Jahre später, wenn ich Kekse aß oder gratis verteilte, an den guten alten Trutti nebst Familie – ob ich nun diese Vogelart in Zoos, in Amerika oder auf dem schon oft erwähnten Mittagstisch des Ersten Weihnachtstages sah.

Einer der lautesten Schreier unter heimischer aber zahmer Vogelwelt ist ein P-Vogel: der **Pfau**. Wer ihn hält muss zwar einsam wohnen, spart aber einen Wecker, mag der auch zweibeinig sein oder ein Automat. Denn kaum dämmert der Tag, da schallt das Willkommen aus der mittelhohen Eiche, wo der Rufer die Nacht verbracht hat. Klar, dass ich hier vom Pfauhahn schreibe, denn meine Leser werden bemerkt haben, dass, wenn von Vogelgeschrei die Rede ist, meistens die Männchen gemeint sind. Seine Rufe in Buchstaben zu fassen ist unnötig, denn die vielen Vokale verwirren bloß, es genügt zu sagen, dass sie ein in übergroße Länge gezogener Katzenschrei sind.

Ich habe hier in wenigen Worten Pfauhahn Kunibert beschrieben. Dass er mit der Pracht seines Gefieders jeden noch so eitlen Puter ausstechen konnte, war der Anlass ständiger Reibereien auf diesem Hof. Pfauen haben gegenüber Truthühnern den Vorteil, dass niemand sie essen mag, von Füchsen einmal abgesehen. Und eine Füchsin schaute im Frühjahr, wenn sie selbst eine Horde von Nachwuchs satt machen musste, immer mal wieder vorbei, ob es Küken zu holen gab. Einmal hatte sie Nelly, Trutti und Kunibert hinter sich und war froh, im Wald entkommen zu können.

Kunibert schien hoher adeliger Abstammung zu sein, denn er benahm sich, zum Beispiel beim Essen, manierlicher als selbst der Bürgermeister hier. Wenn er mir Erdnüsse und Rosinen aus der Hand pickte, spürte ich nichts davon. Und gar wenn er ein Glas Sekt bei Großmutters 90. aus meinem Glas mittrank! Er ließ jeden Schluck bedächtig durch seinen langen Hals rinnen, verdrehte dabei die Augen und wollte zu rufen anfangen – es wurde nur ein Gekickse. Und sein Bienenstichessen! Er nahm sich das Stück vor, trennte es mit einem Schnabelhieb in Ober- und Unterteil und aß nur die gelbe Kreme. Wenn ich in der Mittagspause, nach dem Essen „None“ genannt, mich zum kurzen Schlaf unterm Eichbaum niederlegte, kam er heran und nahm zu meinen Füßen Platz – es gab halt ein paar Vögel, die an mir einen Narren gefressen hatten; aß man diese früher zu Kannibalenzeiten?

Kuniberts Ende entsprach seinem Leben. Als ein Bankmann der örtlichen Darlehnskasse kam, um einen Kredit zu besprechen, fiel er diesem vom Baum direkt vor die Füße und war tot. Damit verschaffte er sich ewiges Dasein – nicht Leben – indem er zwei Wochen später dessen Büro zierte und Besucher staunen ließ: Ein Präparator hatte ihn mit aufgeklapptem Rad präpariert - „Alles Vergängliche ist nur ein Gleichnis...“

Von allen Großvögeln, die ich kennengelernt habe, scheint mir **Pelikan** Toni der schlaueste gewesen zu sein.

Es ist schade, dass Pelikane selten als Haustiere gehalten werden. Dass dieses so ist, liegt an der Einfallslosigkeit jener reichen Leute, die ein Schwimmbecken besitzen, auch Swimmingpool genannt: Wie könnten sie alle die Eintönigkeit ihrer Grundstücke aufmöbeln, wenn sie diese mit Pelikanen dekorieren würden: Dann gäb's das Fischefangenspiel, das Auffangen geschälter Orangen und ein Toben rund ums Becken mit Hunden, Katzen und Kindern.

Mein Toni war Zoo-Insasse, der es hinter den unsichtbaren Ohren hatte. Er gehörte zu den bedauernswerten Tieren, die keine Geschmacksnerven besitzen und einfach nur schlucken können. Selbst dem gierigsten Krokodil wollen wir sie zuerkennen, denn es zerreißt ja seine Beute und wird teilweise schmecken können. Warum eine solche Vorrede für ein Tier, das sehr selten in menschlichen Haushalten anzutreffen ist?

Toni durfte im Zoo frei laufen, weil er mit seinem mächtigen Schnabel behutsam umging und ihn nur als Fangsack benutzte. Was fing er? Natürlich nur Essbares, das sofort weiter in Kropf und Magen transportiert wurde. Als ich beobachtete, dass Toni zwar ein belegtes Brötchen auffing, aber einen Tennisball nicht, wollte ich vom Direktor wissen, wie er den Unterschied bemerkte, während der Ball noch in der Luft war.

„Es sind seine Augen“, antwortete er, „versuchen Sie selbst einmal, ihn zu täuschen, dann merken Sie es.“

Das war tatsächlich ein Versuch wert. Toni war gelehrig und schmuste viel, wenn ein Mensch ihm gefiel – ich gefiel ihm! Auf meinen ersten Trick bildete ich mir viel ein, er durchschaute ihn: Zuerst warf ich Toni ein gekochtes Ei zu, das er virtuos fing und in seinem unendlichen Rachen verschwinden ließ. Was ist nicht essbar, überlegte ich, und doch einem Ei sehr ähnlich: ein Tischtennisball! Ich warf ihn Toni zu, aber er rührte sich nicht. Dann folgte ein echter roter Apfel – angenommen! Dann folgte ein künstlicher Apfel, so künstlich, dass man ihn in der Supermarktauslage auf den ersten Blick nicht unterscheiden konnte – Toni rührte sich nicht. Einen dritten Versuch wagte ich noch. Es folgte ein echtes Sonntagsbrötchen – angenommen! Es folgte dessen künstlerisches Plagiat – Toni rührte sich nicht! Das hätte bis zum Nimmerleinstag so weitergehen können, doch Toni wollte danach nur noch mit mir durch den Zoo gehen, jeden Tag, jede ganze, halbe und viertel Stunde – da machte ich nicht mit…

R

Wenn Quäker, Querpfeifer, Quengler und Quetzacoatels keine Vögel sind, habe ich keine Q-Vögel vorzustellen und springe schnurstracks auf R-Vögel über. Dieser Buchstabe ist in Bezug auf Vögel gut bestückt. So beginne ich mit der **Rohrdommel**, der ich zu verdanken habe, mich nie einem Vogel, der einen Dolch als Kopf besitzt, auf Sichtweite zu nähern. Denn hier am Dümmer See, wo ich mich jetzt befinde, ist in den 50er-Jahren ein einmaliges tragisches Unglück geschehen. Ein Lehrer machte mit seiner Klasse einen Biologie-Ausflug und wusste, wo im nahen Schilf eine Rohrdommel brütete. Damals durfte man es überall noch betreten. Das heutige Unterrichtsthema war „Verhaltensbiologie vor Ort“ und der Lehrer wollte das ziemlich einmalige Verhalten nistender Rohrdommeln seinen Schülern vorführen. Schon stand er, die Schüler auf dem Deich zurücklassend, einen Meter vorm Nest, als die Rohrdommel ihre „Tarnstellung Nummer eins“ einnahm und sich wie ein Pfahl, den Schnabel empor gerichtet, aufbaute. Er, der Lehrer, hätte gewarnt sein müssen. Jetzt beugte er sich vor, um ein paar Schilfstängel beiseite zu schieben, da stach ihm die Rohrdommel in zwei blitzschnellen Stößen beide Augen aus…

Ich war, während ich das beigefügte Foto machte, natürlich nicht gefährdet, wenn ich davon absah, dass die Kopfsteinstraße jetzt bei Eistemperaturen kaum zu befahren war, als der Vogel langsam vor mir auswich. Er muss Hunger haben, dachte ich, denn ringsum war zwar kein Schnee zu sehen, sondern nur spiegelndes Eis. So teilte ich mit ihm mein Brötchen, er zum Dank blieb am Wegrand stehen und aß mit.

Viel kleiner und harmloser war der R-Vogel, der mir in meinen Fotoanfängen einen Preis einbrachte: das **Rotkehlchen**. Ich arbeitete mit einer 9x12-Plattenkamera und hatte diese in der Nähe einer Winterfütterung auf einen kurzen Pfahl fokussiert, den der Vogel als Warte- und Zusehplatz nutzte. Das neue, hochmoderne Blitzgerät konnte Blitze aussenden, die nur 1/5000stel Sekunde aufleuchteten – ideal für schnelle Bewegungen der Vögel. Kaum war ich zurückgetreten und hatte den Fernauslöser nur lose am Handgelenk, da sah ich das Rotkehlchen auf dem Pfahl sitzen – reflexartig löste ich aus, als seine Flügel ihn soeben abheben lassen wollten.

Bei den **Ringeltauben**, die auch Wildtaube und Jagdtaube genannt wird, hat sich in den letzten Jahren eine Wandlung vollzogen. Sie ist einer der jagdbaren Vögel, „welche“, wie die Jäger sagen, „auf jeder Feder ein Auge besitzen“, und früher war es mühevoller, im Revier eine Ringeltaube zu schießen als einen Platzhirsch. So haben sie sich geteilt, diese Tauben: Eine Gruppe ist in den Revieren geblieben, die andere ist den Jägern in die Stadt gefolgt – wo sie natürlich nicht geschossen werden dürfen. In Schrebergärten, städtischen Anlagen, Friedhöfen und Promenaden leben sie in Eintracht mit der Bevölkerung und haben es auch mit der Nahrungssuche einfacher als ihre Kollegen im Wald und auf der Heide.

Diese hatten früher, in meiner Zeit als Landwirt, nicht nur unter Jägern und gelegentlichen kleinen Wilddieben zu leiden, sondern auch unter Feinschmeckern der Nachbarschaft. Ich habe schon erwähnt, dass die Bauern nur jenes Federvieh selbst aßen, das keine Eier mehr legte, verletzt war oder krank schien: Dann schnell damit in den Kochtopf! Ja, kochen und nicht braten, denn eine Hühnersuppe schmeckt auch, wenn die Henne zäh wie Leder war. So sahen sich die jungen Leute zwischen 18 und 30 nach fremden Gaumenfreuden um, ohne direkt mit der Jagdaufsicht in Konflikt zu geraten. Ich habe diese Vorgänge selbst erlebt, ohne an ihnen teilzunehmen.

Sonntagmorgens schlenderten diese Feinschmecker, statt in die Kirche zu gehen, wie unauffällig durch den Wald und hielten Ausschau nach Taubenhorsten. Diese sind flach, aber ausladend und schnell zu finden. Schnell kletterte der junge Mann in einen Nachbarbaum, bis er aus erhöhter Stellung sehen konnte, wie weit die zwei jungen Tauben gediehen waren. Kurz vorm Flüggewerden, die Jungtauben sind dann oft fetter als ihre Eltern, erkletterte man den Horstbaum und band die Jungen mit Bindfäden so fest, dass sie nicht abfliegen konnten. Nach drei bis fünf Tagen hatten sie noch hundert oder mehr Gramm zugelegt, wurden aus dem Nest geklaut und entweder von Muttern zu Hause zum Essen hergerichtet oder auf eigenem Lagerfeuer gegrillt. Nur Stadtleute, denen ganz fremd war, wie kärglich Kleinbauern, so genannte Katner oder Heuerleute, damals lebten, werden über diese Kleinwilderer ihre Nasen rümpfen.

Es gibt alte Zeichnungen, die genau darstellen, wie man früher **Rebhühner** fing. Diese waren, natürlich nur bei „feinen Leuten", Höhepunkte verfeinerter Mittag- und Abendessen. Diese Wildhühner haben die Angewohnheit entwickelt, bei Gefahr möglichst nicht abzufliegen, sondern sich so lange wie möglich an den Boden „zu drücken". Sie lagen außerhalb ihrer Nistzeiten oft zu einem Dutzend beisammen. So hatte man leichte Netze geflochten, aber wenigstens 50 bis 100 Meter breit, die nun von zwei oder vier „Jägern" so gegen die Hühner geschleppt wurden, dass diese auch dann nicht scheuten, als es über sie hinwegglitt. Aber dann, als die Jäger es fallen ließen! Die auffliegenden Vögel verhedderten sich im Netz und waren verloren.

Diese raffinierte Methode des Sitzenbleibens und einen Feind vorübergehen zu lassen, brachte mir und Bauernsohn Friedhelm unverhofft Rebhuhnbraten auf den Tisch. Trotz des traurigen Umstands, wie es dazu kam, schmeckte er uns ausgezeichnet. Rebhühner sind so sehr Bodenvögel, dass sie nie wie der Fasan aufbaumen (auf Bäume fliegen). Am frühen Morgen, als das Gras noch taunass war, begannen Friedhelm und ich mit der pferdegetriebenen Mähmaschine zu mähen, als plötzlich zwei Rebhühner aufschrien und abzufliegen versuchten. Versuchten! Wir fingen sie ein und stellten entsetzt fest, dass ihnen das Messer die Beine abgeschnitten hatte und sie, ganz klar, verloren waren. Dem Jagdpächter das Unglück melden? Niemals! So blieb nichts anderes übrig: Sie landeten knusprig braun auf dem abendlichen Esstisch…

Mag jemand aus meiner Leserschaft schon einmal zugeschaut haben, wie ein **Regenpfeifer** lebendig begraben wurde? Ich glaube es nicht – ich bin wohl die Ausnahme! Es ging alles sehr schnell. Kaum hatte ich das unscheinbare Gelege dieses niedlichen und zutraulichen Vogels am Rand einer Kiesgrube gefunden, wo er sich von mir mit der Handkamera aus zwei Meter Entfernung fotografieren ließ. Und kaum war ich beim Auto, um die Farbkamera zu holen, da brauste ein Kipplader heran, setzte zurück und ließ seine Ladung auf das Nest fallen. Ich weiß genau, dass der Vogel sitzen geblieben ist.

Wer denkt schon daran, wenn er abends nach dem Fernsehen die Balkontür zum Lüften öffnet, dass just in diesem Moment jemand Einlass begehrt? Flattern, fröhliches Krächzen, ein schwarzer Schatten auf dem Schrank, sofort der erste Schiss auf den Teppich! Kohlrabenschwarz gefärbt und auch mit schwarzer Seele: Das können nur zwei Vögel sein – entweder Kolkrabe oder **Rabenkrähe**. Weil es ersteren hier in der Stadt nicht gibt, also eine Rabenkrähe: Jung, doch flugfähig und irgendwo ausgebüxt. Sie saß nun auf jenem Schrank, den alle unsere fliegenden Gäste, ob Vögel, Schmetterlinge, Libellen oder Maikäfer als ersten Ruhe- und Landeplatz angesehen haben – ohne gleich zum zweiten Mal zu kacken!

Unsere Familie, so glaube ich, besteht größtenteils aus Leuten, die besonders Flüchtlingen gern ein Asyl gewähren, aber dieser Bursche hier schaffte es, uns eines

Schlechteren zu belehren: Er verlor in einer Stunde alle Sympathien, die ihm von Rechts wegen zustanden. So ließen wir die Balkontür geöffnet, als wir begannen, ihn gehörig zu beschimpfen und ich versuchte, ihn mit einem Besen in die Freiheit zu drängen. Er umflog ihn und landete auf dem gegenüber liegenden Schrank, nicht ohne noch einmal seinen Darm zu entleeren. Immer wieder liebäugelte er mit meiner Frau, die frisch vom Friseur gekommen war – also einen Hut aufsetzen! Auf dem Schrank war allerlei wertvolles Porzellan dekoriert, das ich erst einmal in Sicherheit brachte. Dann dachte ich ganz richtig, „was Fliegen in einem Rutsch tötet“, nämlich Insektenspray, „kann für Krähen nicht nützlich sein“ - also her damit und ihn eingenebelt. Da musste er so husten und kröcheln, dass wir ihm eine Häkeldecke überwerfen konnten, im der er sich mit Schnabel und Krallen verfing. Schwupp, nahm ich ihn fest in die Hände, enthäkelte ihn, ging mit zum Balkon und warf ihn schwungvoll dorthin, wo sein Element war: in die Luft: „Tschüss, du Frechling!“

So oft ich in den Alpen war, so häufig hatte ich nach der hübschen **Ringdrossel** Ausschau gehalten. Nie klappte es, diesen unruhigen Vogel zu fotografieren. Sie unterscheidet sich von der gewöhnlichen Amsel durch einen weißen Brustfleck. Da erreichte mich wintertags ein Anruf aus Rohrmoos bei Tiefenbach im Allgäu.

„Zwei Ringamseln“, hieß es, „besuchen in diesem strengen Winter täglich unsere Fütterung im Garten.“

Revierförster Ruprechter wusste um meine Wünsche. Also am Freitagnachmittag losfahren, in der Dunkelheit ankommen, alles schon besichtigen und vorbereiten und am Morgen in der nah der Fütterung liegenden Holzhütte auf der Lauer liegen. Noch nie hat sich eine spontane Fotoreise so gelohnt wie diese: Futternot macht eben zahm und zutraulich und so fanden sich alle Überwinterer von A wie Amsel, B wie Buchfink, G wie Grünfink bis K wie Kreuzschnabel, R wie Ringdrossel und Z wie Zeisig und Zaunkönig hier ein. Wenn einer meiner Leser den R-Vogel wie Rauchschwalbe hier vermisst: Gemach, er bekommt ein Extrakapitel zugeordnet!

S

Der Allerweltsvogel mit S ist der **Storch** – obwohl er, wenn man korrekt sein will, ihn unter W wie Weißstorch einordnen müsste. Oh, wie haben sich die Zeiten zu seinen Ungunsten geändert, fast so, als hätten die Menschen nach Kriegsende 1945 eine Storchenkrieg geführt. Wer‘s nicht glaubt, der lese weiter: Früher, als es überall Störche gab, gab es auch überall massenhaft Reptilien und Amphibien, ihre Hauptnahrung neben Mäusen. Heute, wo es überall wenig Störche gibt und diese hauptsächlich aus Storchenparks stammen, gibt es gebietsweise gar keine Reptilien und Amphibien mehr – wer hat da am falschen Hebel gedreht? (Siehe mein Buch „Meine Kriechtiere und ich“!)

Als ich in den 60er-Jahren das Storchendorf Bergenhusen aufsuchte, beobachtete ich, in gleicher Höhe dabei, was die Altvögel so alles für die Jungen heranbrachten: Sie würgten hauptsächlich Frösche aus, dazu Mäuse, Bisams, Fische und Maulwürfe. In den 80er-Jahren war ich noch einmal vor Ort und sah, dass die Hauptnahrung nun aus Mäusen bestand. Die sind normalerweise schwieriger zu fangen als Frösche und Kröten, aber die Altvögel hatten gelernt, den Ernte- und Mähmaschinen der Landwirte zu folgen und die dabei aufgestöberte Beute leicht zu packen.

Ich sah einmal, wie eine Bisammutter ihre vierköpfige Kinderschar gegen einen Storch zu verteidigen suchte: vergebens, der behände Storch lenkte sie ab, jagte sie sogar, um dann umzukehren und ein Junges nach dem anderen lebendig in seinem Schlund verschwinden zu lassen.

Ich beobachtete einen anderen Storch, der im Straßengraben stand und seinen spitzen Schnabel ununterbrochen niedersausen ließ, er schluckte nur mäßig. Da musste ich nachsehen! Im nur noch zehn Zentimeter hohen – oder niedrigen – Wasser tummelten sich so viele Kaulquappen, dass alles schwarz aussah. Ein Froschweibchen kann 5.000 Eier legen, aus denen, schätzten Fachleute, nicht zehn Prozent fertige Frösche werden – alle, alle wollen sie aufessen! Störche müssen unsere Breiten im Herbst verlassen, weil sie dann keine Nahrung mehr finden. Es sei denn, sie riskieren hier zu bleiben und sich in Zoos und Storchenparks über diesen Winter zu retten; das tun schon viele und sie sind es, die im März zu brüten anfangen, während ihre fortgeflogenen Artgenossen sich noch in Afrika tummeln.

Vogel **Strauß** ist unser nächster S-Vogel und steckt niemals den Kopf in den Sand. Das sieht von Weitem so aus, wenn er am Boden Nahrung sucht oder die Eier seines Bodennestes betreut.

„Heute gibt's Rührei von Straußeneiern", verkündete der Fahrer, der auch Farmer war.

„Wollen Sie die Eier den Vögeln stehlen?", fragte ein Teilnehmer der Safari höchst pikiert.

„Abwarten", empfahl der Farmer.

„Und wie wollen Sie wissen", fragte ein anderer, „ob die Eier frisch oder bebrütet sind?"

„Abwarten!"

Die Straußeneltern, die wir nun anfuhren, kannten ihren Herrn und Halter, empfingen ihn aber doch mit aufgeklappten Schnäbeln und tretbereiten Füßen, so dass er einen Trick anwenden musste: Er fuhr mit dem Safariwagen ganz dicht ans Nest heran, stieg an der anderen Seite aus und kroch unterm Wagen her ans Nest – solchen menschlichen Schlaumeiereien ist kein Tier gewachsen!

„Immer, wenn ich die Nester kontrolliere“, erklärte er, „bezeichne ich die vorhandenen Eier mit meinem schwarzen Filzstift. So kann ich frische sofort erkennen.“

Dann erklärte er genießerisch:

„Eine Woche alte Küken sind ja ein Gaumenerlebnis, wenn meine Frau sie zugerichtet hat. Aber ich bringe es nicht übers Herz, sie abzumurksen.“

Er fuhr mit uns zu einem Rastplatz, wo es neben einer Feuerstelle auch die von mir schon erwähnten verfressenen und diebischen Milane gab. In einer XXXL-Pfanne bruzzelte bald eine Ladung Rührei, die alle Kritik, - diese soll ja auch durch den Magen gehen -, verstummen ließ. Die eigentlichen Besitzer des Rühreis, Vater und Mutter Strauß, gaben uns derweil eine Vorstellung, was sie am liebsten essen: Er schien sich maßlos zu genieren oder er wollte uns imponieren, indem er tanzte, mit den Flügeln schlug und Luftsprünge machte.

„Das ist keine Schau“, erklärte der Führer, „nur eine Zweckmäßigkeit. Schauen Sie genau hin!“

Und wirklich und wahrhaftig: Durch seine Zeremonien und Fisimatenten scheuchte der Strauß Agamen, Eidechsen, Schlangen, Mäuse und Käfer auf, deren Verfolgung seine Frau übernahm. Da kann man nur mit den alten Römern sagen oder denken: „Suum cuique – Jedem das Seine!“

Um unsere Erlebniswünsche und Afrikaträume wahr zu machen, zog ein anderer Straußenvater mit einer 13-köpfigen Kinderschar über den Rastplatz – bei diesen Vögeln übernimmt Vater die Mutterrolle!

Nur durch einen mittleren Fluss getrennt stand in einem Sumpfgebiet ein anderer S-Vogel wie „stillgestanden!“ und lauerte auf Beute: der **Schuhschnabel**. Ja, er sieht aus, als hätte ihm ein lustiger Schuhmachermeister den Pantoffel falsch herum angepasst! Dieser mächtige Vogel steht so unbeweglich da, dass unser Bootsführer ganz langsam zu fahren beginnt und dann anhält.

„Der hat einen Fisch im Visier“, prophezeit er, „und muss ihn nur noch nah genug herankommen lassen.“

Das geschah jetzt, als der Schnabel wie eine Rakete ins Wasser schoss und – vorerst nicht wieder herauskam! Man sah aber, dass er etwas Starkes halten müsste und natürlich nicht loslassen wollte. Nun hob der Vogel den Kopf und zeigte uns „seine fette Beute“: einen von uns auf ein Kilogramm geschätzter schwerer Wels. Der zappelte um sein Leben, saß aber wie im Klemmeisen fest und erlahmte nach fünf Minuten derart, dass er kaum noch zappelte. Nun stieg dieser ganz offensichtlich raffinierte Vogel an Land, so dass, sollte er sich noch freizappeln, er dennoch verloren sein muss. Das Manöver, wie der Schuhschnabel ihn schnabelgerecht machte, war wirklich sehenswert und wurde von einem Touristen gefilmt: Langsam aber sicher geriet der Kopf des Welses in Richtung „Inneres“ und rutschte, dabei noch „bei vollem Verstand“, unaufhaltsam in den Schuhschnabel hinein. Dieser bewegte sich mit, als sich der Fisch im Kropf oder im Magen noch einmal aufbäumte…

In Malawi konnte ich aus dem Safariwagen heraus die Vögel des ehemaligen Deutschen Reiches bewundern und fotografieren: die schwarzweißroten **Sattelstörche**. Wenn man sie so beobachtet, wie sie herumstehen und nichts tun, kann man sie für Phlegmatiker halten, doch bald wurde ich belehrt: Ein junger Waran, knapp einen Meter lang, kam von links heran und begab sich unter mein Auto, das weit und breit den einzigen Schatten bot. Die Sattelstörche hatten ihn längst gesehen, mochten aber wissen, dass ein Waran, wenn's ums Ganze geht, einen Spurt hinlegen kann, dem sie nicht zu folgen vermochten. Wie beiläufig ging der eine Vogel auf die andere Seite und stocherte mit dem Schnabel fast an meiner Seite. Dem Waran wurde die Sache mulmig und er schoss unterm Auto in die Richtung vor, die er schon vorher eingehalten hatte. Schwupp, da stand der andere Sattelstorch und hackte auf ihn ein – gemeinsam und sehr friedvoll aßen die beiden hübschen Störche ihn auf.

* * * * * *

Unter unseren heimischen Eulen gibt es drei S-Kandidaten: **Schleiereule, Steinkauz** und **Sumpfohreule.** Alle drei haben sich in mein Gedächtnis eingegraben. Nachdem ich einmal im Zoo gesehen hatte, wie eine Eule dem Wärter die Brille vom Gesicht riss, war ich ihnen allen gegenüber vorsichtig geworden. Und doch hätte mich eine Schleiereule erwischt, wenn sie es gewollt hätte. Ich betrat den Schuppen meines ehemaligen Arbeitgebers, in dem ein nicht benutzter Kutschwagen untergebracht war. In ihm nisteten die Eulen. Plötzlich sah ich im Augenwinkel einen hellen Schatten, der auf mich zu flog, und ging in Deckung. Es war einer der Altvögel, der allerdings wohl nur das Wagenrad anfliegen wollte, das zwischen ihm und mir stand – nun, wer weiß!

Als ich mich über das Bodennest der Sumpfohreule beugte, um die Jungen zu betrachten, war meine linke Schulter der höchste Punkt, der sich einem der Altvögel, der lautlos über mir kreiste, zum Angriff bot. Zuerst glaubte ich, von einem Stein getroffen worden zu sein. Weil aber rundum kein Werfer zu sehen war und ich einen kleinen Meteor doch ausschloss, musste es der Vogel sein. Er kreiste nun rufend und schimpfend über mir, bis auf einen Meter herunterkommend, dass ich mich verdrückte. Hätte ich aufrecht gestanden, wäre mir wohl die Mütze vom Kopf gerissen worden. Erst am Abend, als ich mich auszog, sah ich auf der Schulter einen zentimetergroßen Riss, der leicht geblutet hatte. Und ich untersuchte sowohl das Hemd als auch die Jacke, die ich am Tag getragen hatte: Nicht die geringste Spur der Krallen war zu entdecken.

Alte Bauernhöfe mit ihren Nischen und Verstecken zogen mich als Fotografen immer an. Ein Steinkauz ist so klein, dass er sich fast durch ein Starenloch zwängen kann. Ich ging auch, nachdem ich um Erlaubnis nachgesucht hatte, über die Obstwiese, um deren alte Bäume im Hinblick auf bewohnte Höhlen in Augenschein zu nehmen. Später zeigte mir die Bäuerin ein Foto, das mich vor Neid hätte erblassen lassen können, wenn – ja, wenn es nicht total verwackelt worden wäre! Aber das Motiv: Vor jedem Fenster des Hausgiebels saß ein Steinkauz. Da waren in drei Stockwerken acht Fensterbänke besetzt! „Ein Bild für die Götter“, wie man es hier zu Recht formulieren konnte.

Ein vielleicht einmaliges und auch rührendes Erlebnis mit Steinkäuzen hatte ich im Zoo von Innsbruck. Ich war öfter bei Dunkelheit in diesem Zoo als bei Tageslicht, denn er erlaubte das Blitzen und förderte alle Tierfotografen. Es war noch „Büchsenlicht", wie die Jäger sagen, und ich näherte mich dem Eulengehege. Von dort ertönten die Balzrufe verschiedener Eulen, darunter auch des Steinkauzes, dem sogar vom Weibchen geantwortet wurde. Aber was sah ich da?

„Sie konnten zusammen nicht kommen – der Zaun war viel zu dicht!"

Und doch waren sie so nah beieinander, dass sie sich berühren konnten: Das Weibchen war eine Gefangene im Käfig, das Männchen eines in Freiheit. Es flog erst drei Meter ab, als ich fotografiert hatte, und das Weibchen flog parallel mit. Am Zooausgang traf ich einen Wärter, dem ich den ersten Vorschlag machte, das Männchen über eine Art Katzenklappe im Zaun einzulassen oder als zweiten Vorschlag, das Weibchen freizulassen.

„Beide Male", glaubte ich erklären zu müssen, „gibt's dann Nachwuchs."

Mir ist nicht bekannt geworden, wie es mit diesem Pärchen weitergegangen ist.

Der Star unter den S-Vögeln ist nach meiner Meinung der **Star.** Nicht nur weil er ein Allerweltsvogel ist, der in jeder Lage zurechtzukommen scheint, sondern auch, weil er zu den Vögeln gehören wird, die einen Erduntergang, - gibt es den überhaupt? -, überstehen könnten. Dass städtische Stare begriffen haben, nicht mehr in den Süden zu fliegen, konnte ich im Zoo erleben, wo von Oktober bis März weit über tausend Stare den im Wassergehege lebenden Vögeln wie Enten und Gänse das täglich hingeworfene Futter wegpickten. Da war tatsächlich in Minuten nichts mehr da. Die Stare ließen sich von den großen Vögeln wie Reiher, Marabus und Störche nicht vertreiben und flogen erst ab, als sie alles aufgegessen hatten. Alle so genannten „Gegenmaßnahmen" nützten nichts, und erst als ich vorschlug, statt einem Futterplatz „ein Dutzend" anzulegen, bekam jeder Vogel sein Recht.

In der Lüneburger Heide stand ich einst staunend vor einer Starenstadt. Ein bäuerlicher Vogelfreund, der natürlich keine Kirschbäume und Weinreben besaß, hatte die hölzerne Südwestwand seiner Getreidescheune mit sechzig Nistkästen, passend für Stare, besetzt und jetzt im Mai waren alle mit 4 bis 6 Jungen besetzt. Es herrschte das übliche Geschrei einer Vogelkolonie und die ganze nahe Umgebung war vom Vogelkot weiß getüncht. Die Gemeinde zeterte und wollte Abhilfe, doch alte Gemeinderäte konnten schon damals gegen junge engagierte Naturschützer wenig ausrichten. Waren diese jungen Naturschützer, wie ich es im Kaiserstuhl erlebte, gleichzeitig Weingutbesitzer, dann dachten sie anders. Das war verständlich: Denn wenn Starenschwärme von 1.000 bis 3.000 Mitgliedern über Rebhänge einfallen, sind die Winzer bald pleite. Selbstschuss, - also Knallanlagen helfen nur anfangs, dann haben sich die Vögel daran gewöhnt. Ich bin mit einem Kleinflugzeug mitgeflogen, das ununterbrochen von morgens bis abends in der Luft war, „um die Starenschwärme auf Trab zu halten". Aber auch bei ihrer Verfolgung und Vertreibung hat der Pilot höllisch aufzupassen, dass er nicht in den Schwarm hineingerät. Denn Starenschwärme können exakt und unverhofft reagieren. Für „normale" Landwirte, die vornehmlich Äcker und Weiden bewirtschaften, bedeuten Stare ein Segen: Sie sind Meister im Hervorstochern von Drahtwürmern, welche ganze Ernten bedrohen können.

Von den lärmenden Staren fuhr ich zu den **Säbelschnäblern** des Burgenlandes. Mit einem Kleinzelt hatte ich mich gemütlich vor ihrem Gelege niedergelassen, was sie gar nicht störte, und hatte schon zwei volle Filme im Rucksack, als eine barsche aber österreichische Stimme lospolterte:

„He Sie, was machen‘s denn hier? Das ist Privatbesitz des Fürsten Esterhazy!“

Ja, einen Fürsten hatte ich noch nicht fotografiert, aber der Mann war nur ein Inspektor. Ich kroch ins Freie, stellte mich vor und musste ihn davon abhalten, das Nest der Vögel zu zertreten. Gute Worte und Hinweise auf den Wert der Naturfotografie nützten nichts.

„Der Fürst hat‘s nitta erlaubt hat er. Geht‘s dort drüben nüber, gel, da is Staatsland, is da. Da könn‘S machen was Se wulln!“

Ja, schon Joseph Haydn soll mit den Esterhazys Ärger gehabt haben!

Die S-Vögel möchte ich mit einem prächtigen und sehr zutraulichen Großvogel beschließen: dem **Schwarzen Schwan**. Er ist in seiner schlichten Schwarzfärbung ein Prachtstück von Vogel und so wohlerzogen, dass der Papst ihn, heißt es, sogar im Petersdom willkommen heißen würde. Ich war kein Kirchenmann, hatte aber etwas an mir, das diesen auch anstehen würde: Liebe und Frieden miteinander. Dieses Miteinander äußerte sich darin, dass „Freddy“ neben mir Platz nahm, als ich mich am Seeufer niederließ.

Dann knabberte er nicht nur Knäckebrot und tauchte seinen roten Schnabel in den Thermosflaschenbecher, sondern verlangte auch auf dem Rücken am Halsansatz gekrault zu werden – ganz klar: er war verliebt in mich! Bei diesem Kraulen entspannte sich Freddy derart, dass er schließlich müde wurde, den Kopf unter einen Flügel legte, die Augen schloss und einschlief. Die Gelegenheit für mich, lautlos das Weite zu suchen…

T

Die bedeutendsten T-Vögel sind wohl die europäischen **Trappen**. Ich verweise darauf, dass ich im Buch „Meine Wildtiere und ich“ einen ausführlichen Bericht über die „Großtrappe“ veröffentlicht habe und möchte ihn hier nicht wiederholen. Doch über einen Fotoansitz auf Z wie **Zwergtrappen** werde ich am Ende der Abhandlung „Vögel von A bis Z“ einen Bericht bringen. Jetzt geht‘s dem Alphabet allmählich an den Wickel. Als einzigen T-Vogel stelle ich jetzt den **Turmfalken** vor. Er hat ja eine gesteigerte Popularität erworben, seitdem es gelingt, ihn in künstlichen Nistgelegenheiten innerhalb der Großstädte anzusiedeln. Ich bringe hier den Bericht eines „Kollegen“, der den Versuch gemacht hat, den Turmfalken vor die Kamera zu locken. Diese Falkenart sitzt bedeutend häufiger als sein Verwandter Wanderfalke, der seine Beute stets im Fliegen packen muss. Wie lockt man nun einen Turmfalken an? Mit Mäusen natürlich! Ich selbst habe schon viele Turmfalken beobachtet, die auch mit Fröschen, Kröten, Eidechsen, Schlangen und dicken Brocken wie Hirschkäfern zufrieden waren. Mit Mäusen also, aber lebende kann man ohne Tierquälerei nicht anbieten. So fing besagter Kollege über Nacht durch zwei Fallen zwei Mäuse und deponierte diese unterm vom Falken bevorzugten Ansitzplatz. Doch mit toten Mäusen kann ein im Zoo gehaltener Falke wohl etwas anfangen, aber in Freiheit nur in Notzeiten strenger Winter. Also: Diese toten Mäuse mussten sich bewegen! Sie bekamen einen schwarzen Zwirn ans Beinchen, dessen Ende der Kollege in der Hand behielt. Das klappte wie am Schnürchen: Als der Falke über den Mäusen auf seinem abgestorbenen Pfahl saß, - wo ich ihn fotografierte -, zupfte der Kollege am Zwirn und die Maus begann zu zappeln. Die Täuschung gelang, obwohl der Falke sich wundern mochte, die Maus nicht mitnehmen zu können…

U

An U-Vögeln habe ich drei Persönlichkeiten zu bieten. Zuerst den größten, den **Uhu**. Ich werde immer ein wenig verlegen, wenn ich einem gegenüber stehe, mag er wild oder zahm sein, und seine Bernsteinaugen mich zu durchdringen versuchen. Mein Zoodirektor drückte das einmal so aus:

„Wenn ein alteingesessener Uhu mich mit seinen weisen Augen anschaut, komme ich mir wie ein Waisenknabe vor.“

Einer seiner Kollegen, der gerne in Utopia Urlaub machen würde, wenn er‘s denn finden würde, versteigt sich zur Ansicht, „Gott täte sich in einen Uhu verkleiden, wenn er unter uns weilen möchte – vom Himmel hoch kommt er dann her!“

Nun, so mag ein Kaninchen denken, wenn Uhukrallen sich in seinen Rücken krallen.

Ich kann von wild lebenden Uhus nichts berichten, weil ich der Umstände halber nicht mit ihnen zusammengekommen bin: Außer durch das Zeiss-Glas-8x56 über Kilometer hinweg etwas näher gerückt. Am besten, wenn es nur um Porträts oder Arbeitsbilder geht, kann man an ihnen bei Falknern und ihren Betrieben arbeiten. Ich habe einmal die ganze Rasselbande von Tag- und Nachtgreifen in schiere Aufregung versetzt; und das kam so. Alle Tiere waren morgens aufgewacht und hockten auf ihren Lieblingsplätzen, warteten auf ihre Herren und Meister, auf Futter, Ansprache und Streicheleinheiten. Es würde ein sonniger, zum Fotografieren höchst geeigneter Tag werden. Doch ich kannte die Tücken von Licht und Schatten zur Genüge, und Schatten milderte ich mit Vorliebe nicht durchs Blitzlicht, sondern mit einem Spiegel.

Des Uhus wissenschaftlicher Name „Bubo bubo“ ist ein seiner Stimme entnommenes Laut- und Rufwort: „Schuhu“, „Uhu“ und so ähnlich – da mochten die Neandertaler schon glauben, Geister oder Götter seien auf nächtlicher Runde. Mein Spezialfreund hier hieß kurz und bündig Bubo, nur wenn ich ihn so ansprach, machte er mit beim Fotografieren. Klar, dass auch Liebesgaben die Kommunikation unterstützten: Zum Erstaunen aller vorhandenen Fachleute knabberte Bubo gern am Salzgebäck und kleinen Salzbrezeln, und so konnte ich ihn ablenken, als ich mein Stativ aufbaute und die Kamera bis auf drei Meter an ihn heranschob.

Ich schildere jetzt vorab, wie ich den Aufruhr unter den Vögeln entfesselte, die nah genug saßen, um mein Tun mitzubekommen. Alle konnten zwischen zwei oder drei Sitzplätzen wählen, je nachdem, ob sie sich sonnen oder gegen Mittag lieber im Schatten sitzen wollten. Bubo saß jetzt im Gegenlicht, was mir wegen meiner Zusatzbeleuchtung gut passte. Jetzt stand ich hinter der Kamera, richtete sie aus, nahm den Auslöser in die linke und meinen tellergroßen Rundspiegel in die rechte Hand. Um den mit großen Augen zuschauenden Bubo nicht zu erschrecken, richtete ich den Spiegel zu Boden und nicht abrupt in sein Gesicht. Auf dem im Schatten liegenden Erdboden entstand der helle Kreis des Spiegels plötzlich aufzutauchen und sich natürlich, entsprechend meiner Handbewegung, hin- und herzubewegen. Das löste eine Panik unter den Vögeln aus, außer bei Bubo selbst, der „cool“ blieb, dass der Besitzer herkam und wissen wollte, „welch einen Unfug ich denn diesmal anstelle!“ Er und seine Vögel beruhigten sich schnell. Und der Besitzer musste zugeben und sah es auch später bei den Fotos, „dass Ihre Beherrschung der Beleuchtung Spitzenklasse ist“. Im Uhugesicht, wo die Augen ja nebeneinander angeordnet sind, - im Gegensatz zu Adlern, wo sie seitlich stehen -, sind die Augen das A und O von Fotos. Wenn sie dann noch „durchleuchtet“ werden, machen sie einen unerhört starken Eindruck. Bubo habe ich später noch oft besucht, er erkannte mich spontan wieder und wurde ebenso spontan belohnt.

Ich habe noch die heute veraltete und nicht mehr genehmigte „Jagd auf Rabenvögel mit Hilfe eines Uhus“ kennengelernt. Ich schildere sie hier. Ein abgerichteter Uhu wurde vom Jäger mit ins Revier genommen, auf einen Ast oder einen freistehenden Stamm gesetzt und natürlich am Fortfliegen gehindert. Der Jäger selbst macht sich auf einem Hochsitz oder in einer Ansitzhütte unsichtbar und wartet der Dinge, die da kommen sollen. Alle Krähenartigen wie Kolkrabe, Raben-, Saat- und Nebelkrähe und auch Häher und Elstern haben beim Anblick von Eulen den Drang, diese zu beschimpfen, der Jäger sagt „auf sie zu hassen“, und dabei fast alle Vorsicht und Scheu zu verlieren. So ist es leicht, einige von ihnen abzuschießen, bis sich keine mehr einstellen. „Der Uhu hat seinen Dienst getan – man kann jetzt gehen.“

* * * * * *

Der Störenfried bei den **Uferschnepfen** Holsteins war ich, bzw. mein Auto. Was sollte ich lange in Zelten und anderen Verstecken herumsitzen, wenn sich die Altvögel auf dekorative Wiesenpfähle setzten und sich mit einem mittleren Tele aus dem Auto heraus fotografieren ließen! Mit den **Uferschwalben** war das schon schwieriger. Sie nisten wie die Eisvögel in Abbruchkanten von Ufern und Sandbrüchen in selbst gegrabenen Bruthöhlen. An deren Enden wird eine Art Höhle ausgeschaufelt, wo dann die Eier bebrütet und die Jungen gefüttert werden. Erst wenn sie ganz flügge sind verlassen sie die Bruthöhle, folgen ihren Eltern noch tagelang beim Insektenfang und fliegen mit ihnen im September nach Süden. Vorm allgemeinen Abflug kann man Ufer-, Mehl- und Rauchschwalben in Massen auf Drähten versammelt sehen.

W

Weil ich V-Vögel nicht anzubieten habe, komme ich sofort zu W wie **Waldkauz**. Er ist unsere häufigste und vielseitigste Eule, denn er nistet zwar auch am liebsten in Baumhöhlen, muss aber oft mit einem Platz am Erdboden zufrieden sein. Dort überraschte ich ihn, oder er mich, als ich ihn versehentlich fast niedergetreten hätte. Das brütende Weibchen und das im Baum Wache schiebende Männchen waren so empört, dass sie mich oben an der Mütze und unten an den Füßen so lange attackierten, bis ich mich „dünne“ gemacht hatte.

Wintertags konnte ich auf Walzkäuze und **Waldohreulen** gute Fotojagd machen, welche in dunklen Nadelbäumen in Gesellschaft von Zuzüglern aus nordischen und östlichen Brutgebieten bei uns überwintern: an Waldrändern, auf Friedhöfen, Parkanlagen und Schrebergärten. Wie viel Mäuse sie nachts gefangen haben, kann man unter den Bäumen feststellen und nachzählen: an den ausgewürgten Gewöllen.

Der größte W-Vogel dieses Buches ist der amerikanische **Weißkopfseeadler.** Ich brauche ihn nicht zu beschreiben, denn sein „edler“ Kopf ziert den Titel dieses Buches. Er soll Amerikas Macht demonstrieren. Von diesem Verhalten sieht man aber wenig, wenn man ihn im Winter in Alaska, Montana und Kanada besucht. Dann lungern diese mächtigen Vögel als Bittsteller am Ufer bei Anglern und Fischbetrieben herum, statt selbst zu fangen. Wie alle Greifvögel werden diese Adler leicht und schnell handzahm und tun alles, was ihr Halter von ihnen wünscht. Die alten Indianerstämme hielten ihn für Manitous Freund und Vertreter auf Erden...

Der letzte W-Vogel soll die **Wasseramsel** sein. Sie ist so auf glasklares Wasser angewiesen, dass sie nur noch an Berg- und Gebirgsbächen vorkommt. Als so genannter Singvogel lebt sie unter außergewöhnlichen Umständen. Wo es keine klaren und fließenden Bäche gibt, kann sie nicht existieren. Denn aus ihnen holt sie sich in Tauchgängen ihre Nahrung: Bachflohkrebse, Larven der Köcherfliegen und Wasserkäfer und andere. Verstecken sie sich unter kleinen Steinen, dreht die Wasseramsel diese um und erbeutet sie doch. Sie nistet stets über Wasser unter Brücken oder an Steilufern in selbst nach Art der Zaunkönige geflochtenen Nestern. In den strengen Bergwintern kann die Wasseramsel in Not geraten, doch weicht sie dann in die Vorebenen oder noch höher bachaufwärts aus, wo es offene Wasserstellen auch bei strengstem Frost gibt.

Z

Weil es in unserer Sprache X- und Y-Vögel nicht gibt, sind wir nun bei den Z-Vögeln angelangt. Der kleine **Zebrafink** gehört eigentlich nicht hierhin, weil er aber ein geselliger Käfig- und Zuchtvogel ist und ich ihn in Malawi in unübersehbaren Schwärmen gesehen habe, will ich seiner hier gedenken. Wenn diese Schwärme in Hirsefelder einfallen, wie ich beobachtet habe, gibt‘s nur noch Flammenwerfer, - wie die Eingeborenen klagen -, sie zu vertreiben. Als unsere Reisegesellschaft sich zum Picknick niederlassen wollte, fielen Tausende Zebrafinken über uns her – da findet Tierliebe ihre Grenzen.

Da gefällt mir der **Zilpzalp** unseres Gartens viel besser. Der andere deutsche Name heißt Weidenlaubsänger, gibt aber seinen Ruf nicht wieder; im Englischen heißt er treffend „Chiffchaff“. Er turnt am liebsten in gepflegten Gärten herum und in freier Natur nur dort, wo es gartenähnlichen Bewuchs gibt. Er gehört zu jenen Singvögeln, welchen ein Kuckucksweibchen bevorzugt ein Ei unterschiebt.

Jetzt stelle ich einen Z-Vogel vor, der nur gewieften Ornithologen bekannt ist: der **Ziegenmelker.** Er melkt natürlich keine Ziegen, hat jedoch den schlechten Ruf aller Nachtvögel geerbt und heißt mit anderem deutschen Namen treffend Nachtschwalbe. Seine Reviere sind Freiflächen in Wäldern, Kahlschläge in Forsten und die sowieso meist baumfreien Heide- und Moorlandschaften. Mein Abenteuer, das ich mit Ziegenmelkern erlebte, erzähle ich im Kapitel „Abenteuer mit Vögeln“.

Auf die sympathischen **Zwergtrappen** der Extremadura Spaniens wollte ich gar nicht ansitzen, aber ihre großen Vettern hielten sich heute zurück und überließen das weite Feld ihnen. Warum dieses eine Männchen direkt vor meiner Hütte balzen musste, blieb unbekannt. Jedenfalls richteten sich meine sehnsüchtigen Blicke in die Ferne der Ebene, weil ein Fotograf gut daran tut, die großen Trappen rechtzeitig zu sehen. So übersah ich im wahrsten Sinn dieses Wort die Zwergtrappe, die sich abzumühen schien herauszubekommen, welch merkwürdiges Gerät ein Objektiv ist. Wie passend in diesem Augenblick, dass ich vor die Canon-Kamera das Objektiv 35-350 gesetzt hatte, denn sein Schärfenbereich begann bei einem Meter. Nur dem Umstand, dass Zwergtrappen beim Balzen kaum still stehen und andauernd Sprünge, Hüpfer, Drehungen und Wendungen machen, verdanke ich ein paar Totalaufnahmen dieses Vogels.

Meine Suche nach anwesenden Hennen war vergebens, sie kommen meist später zum Balzplatz als die Hähne. Auch meine Hoffnung, Hähne beim Zweikampf zu fotografieren, erfüllte sich nicht. So blieb es bis zur Dunkelheit, als ich abgeholt wurde.

Und jetzt beende ich dieses lange Kapitel mit einem König: dem **Zaunkönig.** Je länger man diesen kleinen, munteren und überlebensfähigen Vogel beobachtet, desto sympathischer findet man ihn! Er ist wirklich ein „Deubelmordskerl“ von Singvogel, wie man im Niederdeutschen sagt. Während ich im Spätwinter für die kommende Fotosaison überlegte, wen ich mir fotografisch hernehmen sollte, löste das Männchen des Zaunkönigs im März das Problem auf seine Art: Indem er die offene Fläche des auf dem Balkon aufgehängten ausgedienten Adventskranzes als Basis seines Nestes reklamierte. Das bedeutete eigentlich noch wenig, denn die Männchen fangen im Ausgang des Winters an, zwei bis vier Standorte des Nestes auszusuchen und an allen ihre Baukunst zu demonstrieren. Die Entscheidung, wo weitergebaut und gebrütet wird, trifft allein das Weibchen. Und dann sahen wir Anfang April, dass beide Partner sich für unseren Balkon entschieden hatten. Das Weibchen half nun mit, das Kugelnest weiter auszubauen und im Adventskranz zu befestigen. (Ich habe einen Bericht über das Folgende geschrieben, welcher in der „Gefiederten Welt“ erschienen ist.)

Ab dem 20. April hörte das Hin- und Hergefliege der beiden Partner auf und Ruhe kehrte ein – unweigerliches Zeichen, dass die Eier gelegt waren und das Brutgeschäft begann. Nur am Gehabe konnten wir die Partner unterscheiden, sonstige Merkmale gibt es nicht. So vermuteten wir, dass es das Männchen war, das gelegentlich zu Besuch kam und Einlass begehrte - „nichts da, kein Platz, mein Lieber!“ In der zweiten Maiwoche durfte das Männchen aber doch einschlupfen, wenn es kleine, meist grüne Raupen mitbrachte – die Fütterung der Jungen hatte begonnen. Den Fleiß, mit dem beide Partner dieses dreiwöchige Geschäft betrieben, hat uns ebenso lange in Erstaunen gesetzt und den ach sonst so wichtigen Fernseher unbenutzt gelassen.

Gegen Ende der Fütterungszeit, als die Jungen gieriger wurden und begannen, ihre Köpfchen aus dem Loch zu recken, waren die Eltern ohne nennenswerte Pausen beim Herbeibringen des Futters, vom Hell- bis Dunkelwerden im Einsatz; und weil der letzte Tag ein Sonntag war, habe ich acht Stunden lang mitgezählt: Jeder Altvogel flog das Nest 240mal mit Futter an! Und noch vor Einbruch der Dämmerung flogen die Jungen aus, in unseren Garten hinein. Sie hielten sich nur einen Tag lang zusammen, dann ging (oder flog) der Familienverband auseinander. Ob einige der Jungvögel dabei waren, als unsere Winterfütterung im Garten begann, kann ich nicht mit Bestimmtheit sagen – wir hofften es…

Abenteuer mit Vögeln

Der Kondor. Der meist unerklärliche Zufall wollte es, dass ich zwar ein abscheuliches, dennoch abenteuerliches Verfahren zum Vogelfang miterleben konnte. Es geschah in Argentinien und war höchst illegal. Den Vogel Kondor kennt jeder Naturfreund. Als Geier schlägt er kein Wild, sondern kreist sozusagen tagelang am Himmel, bis seine „Zeiss-Augen“ eine Mahlzeit entdecken: ein verunglücktes Lama, Haustiere, Abfälle, Aas und so weiter. Weil der Vogel sehr misstrauisch ist, müssen die Fänger ihn an eine bestimmte Stelle gewöhnen, wo es stets etwas zu holen gibt. Ist es so weit gekommen, dass der Kondor regelmäßig vorbeischaut, gräbt man dort ein geräumiges Loch, worin ein starker und zäher Mann es einen Tag lang aushalten kann. Wenn er bei Dunkelheit eingestiegen ist, deckt man ihn mit einem Gitter ab, dessen Streben so viel Raum lassen, dass er mit beiden Händen durchgreifen kann.

Ich denke, meine Leserschaft weiß bereits, wie‘s weitergeht. Oben aufs Gitter wird der Köder festgebunden und die Hilfsmannschaft fährt mit dem Auto so weit fort, dass sich der Kondor ungestört fühlt. Und beobachtet natürlich per Fernglas genau. Ich hatte meines auch dabei. Schon eine Stunde nach Hellwerden kreiste ein Kondor am Himmel und ließ sich gemächlich nach unten sacken. Der Mann im Loch wurde durch Sprechfunk informiert, sich bereit zu halten. Fünfzig Meter neben dem Loch landete der Kondor und hüpfte und stakste heran. Erst setzte er sich auf die junge Ziege, um ihr den Bauch aufzureißen, dann trat er aufs Gitter und wurde augenblicklich gefasst. Ich bewunderte Mut und Kraft des Mannes im Loch, dass er den wild mit den Flügeln schlagenden Vogel halten konnte, bis wir in einem Höllentempo da waren. Das Auto hielt noch nicht ganz, da warf ein Helfer das Netz über den Kondor – ich brauche wohl nicht weiter zu berichten…

Vögel unter sich. „Der Schwarzspecht und der Habicht, die hatten einen Streit...“ Nun, was in meinem Fernglas wie ein Streit aussah, war keiner. Es ging ums Essen, was sonst! Der Specht war dabei, sich ein paar Happen aus morschen Rinden alter Bäume zu hacken, als er den anfliegenden Habicht bemerkte und wie ein Eichhörnchen auf die andere Baumseite wechselte. Das ging nun hin und her. Der Habicht umflog den Baum, der Specht rutschte wieder zurück. Ehe der Habicht reagieren konnte, flog der Specht einen anderen Baum an und verbarg sich hinterm Stamm. Dreimal, viermal, es war im Fernglas ein durchaus lustiges Ereignis, wie schnell der große Specht reagieren konnte, immer einen Baumstamm zwischen sich und seinen Verfolger zu bringen. Der Habicht schien ganz konfus zu werden und gab die Verfolgung auf.

Ein Steinkauz-Pärchen. „Sie konnten zusammen nicht kommen – das Gitter war viel zu dicht!“ Dass auch gut geführte Zoos wie der Innsbrucker Störenfriede der Natur sind, wurde mir drastisch vor Augen geführt. Ich war länger geblieben, um Blitzaufnahmen von den abends erwachenden Eulen zu machen. Da sah ich am engen Gitter des Eulengeheges, und zwar außen, einen Steinkauz „kleben“, und ihm direkt gegenüber, also im Gehege, sein Gegenstück. Ganz offensichtlich handelte es sich um ein Paar, das ein Pärchen werden wollte. Das Männchen flog vor mir ab, so zog ich mich weit genug zum Beobachten zurück. Es kam sofort wieder zum Weibchen und balzte ohren- und herzerweichend – sie taten mir richtig leid und am liebsten hätte ich mir eine Drahtschere besorgt – nun, das ging ja nicht. Auch kam ein Zoowärter vorbei und erklärte mir, „das treiben die schon eine ganze Woche lang“.

„Tun Sie etwas für die beiden Verliebten?“, fragte ich.

Taten sie nicht.

„Man kann ein Loch in den Zaun schneiden“, schlug ich vor, „und eine Klappe anbringen wie man es für Katzen in Türen macht.“

„Und dann?“, fragte er ziemlich blöd.

„Dann werden Sie im Sommer hier junge Steinkäuze haben und in Freiheit entlassen können. - Ist das nichts für einen Zoo?“

In der **Eiderentenmama** von Loch Ness waren Todesangst, Mut, Aufopferung und Angriffsgeist in einer Person vereint. Ich ging im Zuge einer Expedition am Ufer des bekannten Sees entlang und sah schon auf Metern Entfernung, dass auf dem Pfad etwas Außergewöhnliches lag oder ruhte. Auf drei Meter heran und die Kamera im Anschlag, erkannte ich eine unscheinbar graue gut getarnte Ente und konnte sie als Weibchen der Eiderente erkennen. Jetzt hier zu ruhen, so nah am Wasser und keine Küken in der Nähe – was stimmte da nicht? Ich stand nun einen Meter vor ihr und beschloss, mich der Perspektive wegen über sie zu beugen und zu fotografieren. Nur einmal klickte die Kamera, da gab es eine Explosion; wenn auch eine lautlose. Es war natürlich diese Ente, die zu platzen schien und eine zehnköpfige Kinderschar gebar! Sie hatte die Kleinen, die nun in alle Richtungen quiekend davonrannten, unter ihre Fittiche genommen. Sie selbst nahm sich mein Schuhwerk vor und zerfledderte die Schnürsenkel. Schließlich ließ sie von mir ab, gluckte ihre Kinder beisammen und trabte mit ihnen in den See hinab.

Ein Hahnenkampf. Hofhahn „Gallus“ sah seine jetzige Macht durch Kronprinz „Pappagallo“ gefährdet – menschlich halt auch beim Hühnervolk! Zunächst fand nur das gegenseitige Zurschaustellen statt, dann ging‘s darum, wer am lautesten krähen konnte, schließlich scharrten beide Hähne den Hof sauber, warteten auf mehr Zuschauer, und als diese nicht kamen, gingen sie aufeinander los. Nun hörte jeder Spaß auf. Denn Hahnenfüße sind das richtige Werkzeug, will man den Gegner so schnell wie möglich kampfunfähig machen. Dass dieser Zustand auf einem Bauernhof bedeutete, in den Suppentopf zu geraten, konnte keiner der Kampfhähne wissen. Man sprang sich also an und versuchte, dem Gegner das Gesicht zu zerkratzen oder ihm den Sporn in die Brust zu rammen.

Als das erste Blut den Boden färbte, sprangen zwei junge Leute auf und schnappten sich die Kontrahenten, die ganz aus der Puste waren. Niemand achtete auf den Habicht als interessierten Zuschauer auf dem Giebel des Hauses. Der eine junge Mann ging ans Westende des Hofes, der andere entgegengesetzt, und dort ließen sie beide Hähne frei. Während Gallus die Siegesfanfare losließ, hustete Pappagallo Blut und wurde schnurstracks vom Habicht gepackt und fortgetragen.

Fehlgriffe. Wie weit mögen die Nerven eines hungrigen Sperbers belastbar sein, wenn er tausend Beutetiere vor sich hat, aber nicht einen zu greifen vermag? Diese Frage stellte sich mir an einem Herbstabend am See. Just zu der Zeit, in welcher die schon winterlichen Zusammenkünfte Tausender Stare mit akrobatischen Flugübungen über den Nachtquartieren der Vögel stattfanden. Die „Schau" besteht darin, sich in einer großen schwarzen Wolke so eng wie möglich zusammenzuhalten und trotz aller Flugkünste wie Wendungen, Steigungen, Sich-fallen-lassen, gar sich für einen Moment aufzulösen, etwaige Verfolger wie Greifvögel „total irre zu machen". Das gelang hier so lange, wie ich zuschaute. Ein Sperber schoss wohl ein dutzendmal mit voller Stoßkraft in den Pulk hinein und bekam doch nichts zu greifen. Dann ließen sich alle Stare, als hätten sie einen Anführer, mit einem Schlag ins Schilf des Sees fallen – da musste der Sperber Sorge haben, heute noch satt zu werden.

Am nächsten Fall, **ein Unglück** sozusagen, waren drei beteiligt. Der vor einer Woche frisch flügge gewordene Wanderfalke, nun nicht mehr von den Eltern versorgt, hatte Hunger bekommen und, wie es ihm angeboren ist, im oberen Luftraum Stellung bezogen. Nur im Sturzflug kann dieser Greifvogel jene Geschwindigkeit entwickeln, welche ihm einen Überfall in der Luft ermöglicht. Nun sah er die erhoffte Beute unter sich: Eine über den Baumwipfeln dahin streichende Ringeltaube. Sie stellt körperlich mehr dar als ein Wanderfalke und muss deswegen im ersten Griff überwältigt sein. Und dieser erste Alleinangriff des jungen Falken ging schief. Er setzte zum schrägen Verfolgungsflug an und es gelang ihm, die Taube einzuholen und ihr seine Fänge in den Rücken zu krallen. Doch Ringeltauben haben eine spezielle Eigenschaft entwickelt, wenn es auch meist eine ihrer letzten werden sollte: Sie „himmeln". Das heißt, statt zu stürzen erst noch einmal einen Steilflug himmelwärts, ehe sie abstürzen – ob vom Greif oder vom Jäger getroffen. Das machte sie, der Falke musste mit, weil er seine Krallen nicht lösen konnte, und sie stürzten beide in einen Acker, auf dem ein Fuchs nach Mäusen suchte. Nun rannte er los und machte doppelten Fang…

Rennkuckuck George war Freds liebstes Steckenpferd – (ich habe über George und Fred im Buch „Meine Kriechtiere und ich" ausführlich berichtet). Sie arbeiteten zusammen und verdienten so manchen harten US-Dollar in der Mojave-Wüste in Nevada. Es war ein Zufall, dass George zum Filmstar aufrückte und ich dabei sein konnte. Fred und ich, wir suchten nach der anstrengenden Arbeit mit Klapperschlangen einen Rastplatz auf, um in dessen Schatten zu verschnaufen. Dieser war von einem Filmteam und

George besetzt, der solche Leute kannte und von ihnen mit Leckerbissen belohnt wurde.

„Sie kommen alle her“, erklärte Fred, „um diesen flotten Kuckuck im Rennen und Laufen zu filmen.“ Es klappte hier nicht, weil diese Filmleute keine Ahnung davon hatten, dass Tiere keine Menschen sind. Fred, in seiner Dienstkleidung als Ranger erkennbar, wurde um Hilfe angegangen:

„500 Dollar die Stunde für Sie und Ihre Behörde, wenn Sie diesen müden Kuckuck zum Rennen bringen.“

Fred war natürlich kein Geldverächter, wollte sich aber keine Blöße geben.

„Wir tun jetzt“, schlug er vor, „als wenn du den ganzen Zirkus erfunden hättest, den wir jetzt bieten werden.“

George, erzählte Fred, läuft nämlich liebend gern allem nach, was vor ihm rollt, sich dreht oder kullert, zum Beispiel Tennisbällen, Kartoffeln, Äpfeln, Tomaten und Orangen. Er hatte noch das amerikanische Maisbrot bei sich, ich deutsche Brötchen und kalte Klopse à la Königsberg.

„Ich kann den Vogel nicht zum Laufen bringen“, sagte Fred den Filmleuten, „aber dieser Mister hier aus Germany kann es. Er kennt den Trick, alle Vier- und Zweibeiner zum Laufen zu bringen.“

Ich will diese famose Geschichte nicht überziehen. Aber sie lief wie geplant ab. Ich opferte meinen schönsten roten Apfel, ließ ihn George betrachten und feuerte ihn dann wie ein ostfriesischer Boßler auf die Länge der geraden Straße. Da machte George seinem Namen alle Ehre: Er rannte und rannte, überholte den langsamer werdenden Apfel und gab ihm, - wie er es mit einer Eidechse auch tun würde -, einen Stoß in die Seite. Die Generalprobe war also gelungen!

Dann stellten die Filmer sich an drei Stellen der Straße bereit, den vorbei flitzenden George auf den Film zu bringen. Nachdem es nicht gelang, aus Maisbrot und mit den Klopsen Kugeln zu formen, die dem Wurf und Lauf standhielten, suchte ich Steine und Kiesel, welche in der Evolution dieser Wüste entstanden waren, und brachte diese in noch höhere Geschwindigkeit als Äpfel und Apfelsinen. Als alle Menschen eine Pause machten, konnte auch George nicht mehr, genehmigte sich aus meiner Hand ein paar Schnabel voll Wasser und trollte sich in den Schatten. Da hatten Fred und ich in drei Stunden 3.000 Dollar verdient…

Zum Vorschluss meiner Ausführungen über Vögel und meine Abenteuer und Erlebnisse mit ihnen muss ich berichten, dass der seltene Fall eintrat, wo der Verfolgte mit dem Leben davonkam und der Verfolger auf der Strecke blieb. Diese Geschichte wollten viele Menschen, denen ich sie berichtete, als Erfindung und so weiter abtun, und ich fürchte, einige meiner Leser werden ebenso reagieren – es stimmt ja auch, dass hier zwei Zufälle aufeinander kamen, nämlich einerseits, dass sie tatsächlich stattfanden und andererseits, dass ein zuverlässiger Zeuge dabei war.

Hier also das Ereignis in voller Wahrheit. Als ich auf Damwild ansaß und wegen Ereignislosigkeit in ein leichtes Nickerchen verfallen war, riss mich der Angst-, ja Todesschrei einer Amsel in die Gegenwart zurück. Es war wieder einmal ein Habicht, der, wie ich sofort sah, diesem Vogel so „hart auf den Fersen war", dass er sich in Sekunden abgefangen haben würde. Da ließ sie sich wie ein Stein fallen - eine Art von Rettung, wie ich sie bei allen Drosseln schon beobachtet hatte - „tatsächlich wie ein Stein!" Der Habicht, der natürlich keine Notbremsung vollziehen konnte, schoss weiter geradeaus. Und von dort hörte ich ein seltsames, nicht deutbares Geräusch ähnlich brechender Äste. Nun, er wird doch nicht gegen einen Baum gekracht sein! Schlimmer war‘s! Ich suchte den Tatort auf und erstaunte „über die Macht des Schicksals“: Der Habicht, - er war schon tot -, hatte sich selbst an einem vertrockneten, hart gewordenen Fichtenast aufgespießt. Ich fotografierte die Szene und rief den Jagdherrn herbei, der ihn bergen und ausstopfen ließ – nun sieht er von der Trophäenwand herab auf den Schreibtisch...

Zu guter Letzt die **Austernfischer von Wangerooge.** „Die kannste“, versicherte Herr Arnold, Aufseher der örtlichen Wasserwerke, „im Vorbeigehen und Dabeistehen fotografieren.“ Er meinte natürlich jene Tiere und Paare, die auf seinem Arbeitsgelände nisteten und ihn aus der Gewohnheit her kannten. Ich hegte da meine Bedenken, musste es aber versuchen. In echter freier Natur sind diese hübschen schwarzweißroten Watvögel ziemlich menschenscheu, aber diejenigen Paare, die heuer am Wasserwerk nisteten, wussten das wohl nicht.

Sie quittierten denn auch mein Kommen mit lautem, empörtem, zeterischem und kämpferischem Geschrei und dachten nicht daran, friedlich auf ihren Eiern zu sitzen oder die frisch geschlüpften Kinder zu hudern; (hudern: unter die Fittiche nehmen). So setzte ich mich erst einmal auf eine Bank, kramte die Kamera hervor und versuchte Flugaufnahmen der verbiesterten Vögel zu machen. Dann holte ich ein Brötchen hervor, aß es im Gehen rund um das Windrad und ließ dabei ein paar Krumen fallen. Das waren diese Seevögel natürlich nicht gewohnt, und als ich mich auf der Bank lang ausstreckte, um scheinbar ein Nickerchen zu machen, wurden sie völlig perplex. Und der Aufseher half mir, indem er sich dazu gesellte. Nun, ich will nicht kombinieren, dass die Vögel meine Absicht erkannten, aber sie beruhigten sich doch und die Weibchen kehrten auf ihre Nester zurück.

„Jetzt machen wir den Test", schlug Arnold vor.

Er ging los, ich mit Kamera und Stativ neben ihm, wir blieben zwei Meter vor einem brütenden Vogel stehen, unterhielten uns, ich schob das Stativ näher heran - „und alles war in Butter".

Der Bann war gebrochen. So entspannt habe ich noch nie frei lebende Vögel fotografiert; sie wurden mir richtig sympathisch.

E N D E

Anhang des Verlegers und Autors. Sie machen darauf aufmerksam, dass dieses Buch das vierte einer Reihe ist. Es erschienen bereits „Meine Wildtiere und ich“, „Meine Kriechtiere und ich“ und „Meine Heimtiere und ich“. Jetzt ist diese Tetralogie mit „Meine Vögel und ich“ abgeschlossen.

Das Lektorat besorgte Ilka Wallmeyer-Rohdich. Nicht alle Fotos stammen vom Autor, weil er erstens nicht alle Vögel fotografieren konnte und weil zweitens die meisten seiner Farbdias den Weg aller Vergänglichkeiten gegangen sind. Verlag und Autor danken, dass Pixabay ausgeholfen hat!

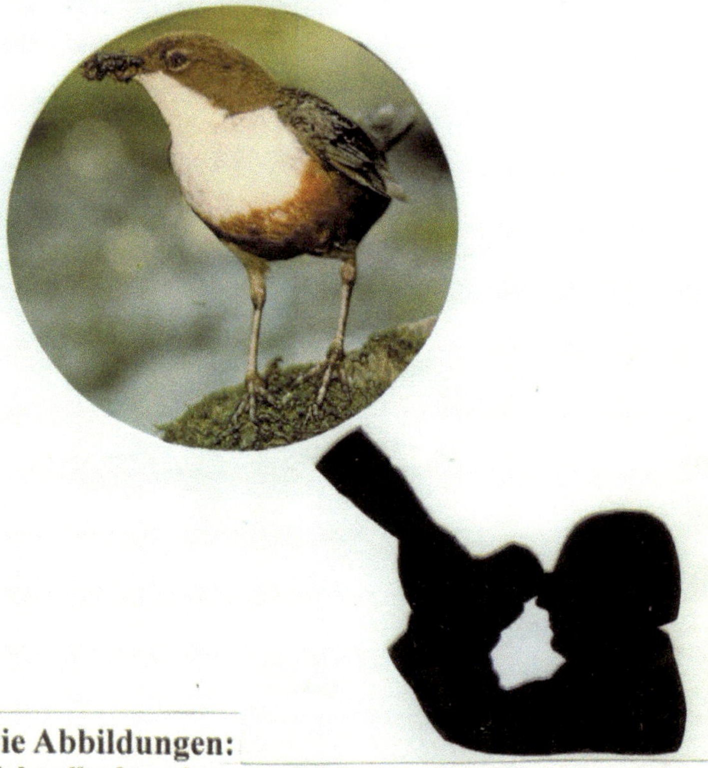

Die Abbildungen:

Nicht alle dargebotenen Bilder entstammen dem großen Archiv des Autors. Das hat zwei wichtige Gründe. Erstens: Jene Diapositive, welche zwischen 1958 und 1980 entstanden, sind schon den Weg des Zeitlichen gegangen, also vergilbt oder verblasst. Zweitens: Der Autor hat trotz seines intensiven Fotografierens doch nicht immer alle Motive ausreichend gut ablichten können. So hat er auf den Internet-Bildanbieter „Pixabay" zurückgegriffen, dem hiermit vom Verlag und Autor herzlich gedankt sei!